众行致远

郑建河／编著

吉林人民出版社

图书在版编目（CIP）数据

众行致远 / 郑建河编著. — 长春：吉林人民出版
社，2023.8
ISBN 978-7-206-20312-1

Ⅰ.①众… Ⅱ.①郑… Ⅲ.①活动课程—教学研究—
中小学 Ⅳ.①G632.3

中国国家版本馆CIP数据核字（2023）第169409号

众行致远
ZHONG XING ZHI YUAN

编　　著：郑建河　　　　封面设计：李　娜
责任编辑：高　婷
吉林人民出版社出版发行（长春市人民大街7548号　　邮政编码：130022）
印　　刷：北京政采印刷服务有限公司
开　　本：787mm×1092mm　　1/16
印　　张：10.75　　　　字　　数：180千字
标准书号：ISBN 978-7-206-20312-1
版　　次：2023年8月第1版　　印　　次：2023年8月第1次印刷
定　　价：58.00元

如发现印装质量问题，影响阅读，请与出版社联系调换。

目 录

梅州市中小学劳动教育实施现状
调查问卷（学生卷）

亲爱的同学：

　　你好！本问卷旨在了解我市中小学劳动教育的现状。请选择每道题中最符合你实际情况的选项，若选择"其他"，请在后面的横线上继续填写具体内容。问卷不记名，答案并无好坏对错之分，请不必有任何顾虑，数据仅用于学术研究。本问卷共有28题，请全部作答，不要遗漏任何一个问题，谢谢你的支持与合作！

　　1. 你的性别是？（　　　）

　　A. 男　　　　　　　　B. 女

　　2. 你认为下列属于劳动的有？（多选）（　　　）

　　A. 设计服装　　　　B. 舞台表演　　　　C. 办公室文字编辑

　　D. 科学研究　　　　E. 种植蔬菜　　　　F. 打扫卫生

　　G. 开发电子游戏　　H. 都属于劳动

　　3. 你从来没有参加过任何形式的劳动？（　　　）

　　A. 是　　　　　　　　B. 否

　　4. "工程师、医生、公务员、教师、农民、服务员、清洁工的工作都是好工作"，你认同这个观点吗？（　　　）

　　A. 非常认同　　　　B. 有一点认同　　　　C. 不清楚　　　　　　D. 不认同

　　5. 你认为劳动对你的成长属于下列哪种情况？（　　　）

　　A. 劳动培养了我的能力，促进个人的发展成长

　　B. 参与劳动会浪费学习时间，不利于个人发展成长

　　C. 不清楚

　　D. 劳动和个人的发展成长没有关系

6. 你如何评价自己目前的劳动能力？（　　）

A. 非常强　　　　B. 比较好　　　　C. 一般　　　　D. 很差

7. 你认为阻碍你参加劳动的原因有哪些？（多选）（　　）

A. 不会做　　　B. 学习任务太重，没有时间

C. 太累，不想做　　D. 有人会去做，不需要我来做或没有劳动的机会

E. 其他_____

8. 你认为文化课学习和劳动教育之间的关系是？（　　）

A. 专心文化课学习，放弃参加劳动的机会

B. 搞好文化课学习的情况下，做一些力所能及的劳动

C. 以劳促学，劳逸结合

D. 经常以劳动之名逃避文化课学习

9. 你学校是否开设了劳动课程？（　　）

A. 开设了　　　B. 没有开设　　　C. 不清楚

10. 你学校的劳动课课时安排情况？（　　）

A. 每周一课时　　B. 每周两课时　　C. 没有开设

11. 你学校是否有劳动课程的相关教材？（　　）

A. 有　　　　B. 没有　　　　C. 不清楚

12. 你学校是否有专职教师教授劳动课程？（　　）

A. 有

B. 没有，由其他科目老师代课

C. 没有开设劳动课程

13. 学校有劳动教育实践基地吗？（　　）

A. 有　　　　B. 没有　　　　C. 不清楚

14. 你们学校采用哪些方式进行劳动教育？（多选）（　　）

A. 以学校布置的每日劳动任务为主

B. 在各科学科教学中进行劳动教育

C. 劳动兴趣小组

D. 与劳动有关的社团

E. 与劳动有关的主题实践活动

F. 其他_____

15. 你所在的学校劳动教育活动的形式是？（多选）（　　）

A. 课堂内讲授　　B. 课堂内活动　　C. 课外或校外活动

D. 课内课外活动相结合　　　　　E. 其他_____

16. 你更喜欢以什么形式的劳动教育? （　　　）

A. 劳动活动为主

B. 讲课与活动相结合

C. 讲授知识为主

17. 你在学校里参加过以下哪些劳动教育活动? （多选）（　　　）

A. 手工制作类：如叶脉书签、快乐布艺、标本制作、美食烹饪等

B. 实践体验类：如园艺修剪、植物扦插嫁接、作物种植等

C. 设计应用类：如打造最美班级、建设文明校园、改造校园等

D. 调查分析类：如校园植被分布调查、学生身体健康摸查、对教师满意
度调查等

E. 科学探究类：如米酒制作工艺优化、研究酸雨对生物的影响等

F. 参观研学类：如人类劳动工具发展史博物馆、种植栽培园、农业研究
所等

G. 职业规划类：如性格解析、职业规划、模拟驾驶、模拟金融、模拟法
庭等

H. 以上都没有

18. 你多久参与一次学校劳动? （　　　）

A. 每天一次　　　　B. 每周一次　　　　C. 每月一次　　　　D. 从不参加

19. 你学校的劳动教育活动时间是否有被占用情况? （　　　）

A. 没有　　　　　　B. 偶尔　　　　　　C. 经常

20. 你参加学校劳动的原因? （多选）（　　　）

A. 老师安排的任务，不得不做　　　　B. 想得到老师的表扬

C. 喜欢劳动，自己想去参加劳动　　　　D. 犯错受罚

E. 其他_____

21. 你参与学校劳动的感受是? （　　　）

A. 很放松，很开心，乐于参与

B. 能学习到一些知识技能

C. 感觉没用，耽误学习时间，但学校安排，不得不去

D. 没啥感觉

E. 讨厌这种活动

22. 你学习到劳动知识或技能的主要途径是？（多选）（　　　）

A. 课堂教学上　　　B. 劳动教育实践活动中　　　　　　C. 父母教育

D. 自学查找　　　E. 其他_____

23. 你希望将自己学到的知识在劳动中使用吗？（　　　）

A. 非常希望　　　B. 有一点希望　　　C. 不希望　　　　　D. 无所谓

24. 你希望通过劳动，更好地掌握你学到的知识吗？（如学习了植株的一生的知识后，动手劳动种植黄豆和绿豆，更好地掌握植株生长的知识）（　　　）

A. 非常希望　　　B. 有一点希望　　　C. 不希望　　　　　D. 无所谓

25. 学校劳动教育活动结束后，评价的形式有哪些？（多选）（　　　）

A. 没有评价　　　B. 口头点评　　　C. 书面考试或文字作业

D. 学生作品展览或活动小结　　　　E. 档案袋评价

F. 学生自评　　　G. 其他_____

26. 你的学校布置过家庭劳动的作业吗？（如洗衣、做饭等）（　　　）

A. 布置过，并要求家长监督

B. 布置过，没要求家长监督

C. 从来没有布置过

27. 你所在的学校有与所在的社区联合对学生进行劳动教育吗？（　　　）

A. 总是有合作　　　　　　　　B. 经常有合作

C. 偶尔有合作　　　　　　　　D. 没有合作过

28. 你参加过哪些学校与校外组织联合举办的劳动教育活动？（多选）

（　　　）

A. 学校组织的助老助残活动　　　　B. 绿化美化公益劳动

C. 学生义工行动　　　　　　　　　D. 研学旅行营地

E. 校外劳动教育实践基地参加劳动　　　F. 社区劳动服务

G. 其他_____

梅州市中小学劳动教育实施现状
调查问卷（教师卷）

尊敬的各位老师：

你们好！党的十八大以来，习近平总书记多次强调要加强劳动教育，对劳动者的地位和劳动作用作出重要指示，国家陆续出台关于加强劳动教育的重要文件，中小学是实施劳动教育的主阵地。为深入了解当前梅州中小学劳动教育实践现状，进一步总结经验，特组织进行问卷调查。本问卷旨在了解中学生学校劳动教育的现状。

1. 目前学校有无劳动教育整体规划与实施方案？（　　　）

A. 有　　　　　　　B. 无　　　　　　　C. 不清楚

2. 学校有无开设劳动课？（　　　）

A. 有　　　　　　　B. 无　　　　　　　C. 不清楚

3. 学校有无劳动教育校本课程？（　　　）

A. 有　　　　　　　B. 无　　　　　　　C. 不清楚

4. 学校是否已经具有与学科教学相关的典型课例？（　　　）

A. 有　　　　　　　B. 无　　　　　　　C. 不清楚

5. 学校有哪些劳动教育活动？（多选）（　　　）

A. 打扫教室、校园　　　　　　　B. 班务整理

C. 社团活动　　　　　　　　　　D. 种花种菜

E. 手工制作　　　　　　　　　　F. 煮饭菜

6. 劳动时间安排在？（　　　）

A. 班会课　　　　B. 体育课　　　　C. 下午托管课

7. 学校有哪些以劳动教育为主题的社会实践活动？（　　　）

A. 学工学农活动　　　B. 志愿者活动　　　C. 职业体验活动　　　D. 公益劳动

8.学校与校外社会实践基地建立劳动教育合作单位有几个？（　　　）

A.无　　　　　　　　B.1个　　　　　　　　C.2个及以上

9.学校能否按时按量开足劳动课？（　　　）

A.能　　　　　　　　B.不能

10.学校劳动教育教师能否胜任劳动教学任务？（　　　）

A.能　　　　　　　　B.不能

11.学校是否有专职劳动教师？（　　　）

A.有　　　　　　　　B.没有

12.劳动课教师是否有参加专门的劳动教师培训？（　　　）

A.有　　　　　　　　B.没有

13.学校是否有劳动教育教研制度？（　　　）

A.有　　　　　　　　B.没有

14.学校劳动课老师有？（　　　）

A.班主任　　　　　　B.其他科任老师　　　C.校外工匠

D.非遗传承人　　　　E.农民　　　　　　　F.学校工勤人员

15.学校的劳动专项活动有？（　　　）

A.劳动周　　　　　　B.劳动节　　　　　　C.丰收节

D.劳动成果展示　　　E.其他

16.学校劳动教育评价工具有？（　　　）

A.劳动任务单　　　　B.家庭劳动清单　　　C.劳动档案袋

D.劳动记录卡　　　　E.其他

小学实践活动案例

中国的传统节日——端午节

梅州市梅江区客都小学　张贝芬

【活动理念】

传统节日是一个国家或民族历史文化长期积淀的产物，是民族文化、民族精神的重要传承载体，一定程度上关系着国家文明脉络的延续、民族精神的凝聚和社会发展的和谐。

【活动背景】

为了增加学生对中华传统文化的了解，树立主动传承中华优秀传统文化的意识，激发学生的爱国情感，要积极带领学生参与综合实践活动。根据新课标，综合实践活动要从学生真实生活和发展需要出发，在生活情境中发现问题并转化为活动主题，通过探究、体验等方式，培养学生良好的人文素养和科学素养，同时培养学生的合作意识、表达交流等多方面的能力，从中引导学生从个体生活、社会生活及其在大自然的接触中获得丰富的实践经验。通过综合实践活动落实好立德树人的根本任务，做到探索综合育人、实践育人和活动育人。

【活动目标】

1. 价值体认：通过让学生亲身参与收集端午节的由来、习俗等文化活动，增强学生对传统文化的了解，树立学生主动传承中华优秀传统文化的意识，做到综合育人。

2. 问题解决：通过活动让学生知道端午节的由来、风俗习惯，培养学生的动手能力和民族意识，加深学生对传统节日文化内涵理解的同时，培养学生策划与组织活动的能力，做到活动育人。

3. 责任担当：激发学生从小树立爱国之情，做个有志气的中国人。

4. 创意物化：通过动手实践，使学生初步掌握制作的基本技能，服务于学习和生活，做到实践育人。

【活动重难点】

重点：通过深入探究，寻找过端午节的传统习俗的方式，使学生传承中华传统节日文化，激发学生的爱国热情。

难点：整合不同学科，让学生在不同学科里得到不同的收获。

【活动对象】

四年级学生：四年级的学生已具备了初步实践的能力，但其解决问题的能力有待提升，因此要逐步培养学生探究问题的能力，提高学生的问题意识，培养学生对生活、学习的积极态度，使他们具有一定的合作能力、观察能力和动手能力，让他们初步掌握参与社会实践的方法、信息资料的搜集以及研究探索的方法，使学生形成合作、分享、积极进取等良好的个性品质，培养学生的综合能力和创新思维。

【活动准备】

学生：查阅资料，了解中国传统节日的相关知识。

教师：深入了解中国传统节日的相关知识；整合不同学科，举行以"端午节"为主题的综合实践活动，让孩子们在不同学科里得到不同的收获。

【活动方法】

搜集资料、调查研究、设计与制作、探究性学习、实践性学习、活动与各学科整合、成果展示交流活动。

【活动时间】

2019年9月至2020年1月。

【活动内容】

中国的传统节日是中华民族历史文化中的一部分，为了让学生热爱祖国，了解中国的民俗文化，我特地开展了寻访端午民俗文化的探究活动。通过整合不同的学科，我设计了8个课时的活动内容。

【活动过程】

活动一：漫游中国传统节日

（一）问题

（1）什么是中国的传统节日？

（2）中国传统节日的习俗和活动有哪些？

（二）步骤

1. 激趣导课

中华民族文化历史源远流长，博大精深，有着丰厚的文化底蕴。在中国的传统文化中，有一种文化是中国传统节日。这些节日是从我们的祖先开始一代一代流传下来的，我们把它们称为传统节日。今天我们就来了解和学习《中国的传统节日》。

2. 了解中国的传统节日

（1）你知道下面的节日哪些是中国的传统节日吗？

（2）让学生具体了解下面的传统节日。

① 春节。

A.欣赏古诗朗诵《元日》，听完，你想到了哪个节日呢？

B.了解"年"的传说，如图1所示。

图1

C. 结合我们的生活，说一说我们现在是怎样过年的，都有哪些习俗。

D. 相关古诗词拓展。

② 元宵节。

A. 了解元宵节的由来和传说，让学生说一说元宵节有哪些习俗。

B. 了解有关元宵节的诗词：《生查子·元夕》。

③ 端午节。

A. 出示两张图片——粽子和赛龙舟，引出端午节。

B. 提出两个问题：端午节是什么时候？端午节为了纪念谁？

C. 端午节，家家户户都要做些什么？吃些什么呢？

④ 中秋节。

A. 端午节是纪念太阳的节日，那纪念月亮的节日大家知道是什么节吗？

B. 中秋节习俗：中秋节，家家户户都要做些什么？吃些什么呢？

C. 中秋节传说：嫦娥奔月，吴刚折桂，玉兔捣药。

D. 中秋节诗句：欣赏歌曲《水调歌头》。

3. 小组活动

弘扬中国的传统文化，我们能够做些什么？

（1）选择你喜欢的一种传统节日，制作一张手抄报，要求图文并茂，表现出这个传统节日的特点。

（2）课后小组展示。

4. 小结

（1）这节课你的收获是什么？

同学们，今天我们学习了中国的传统节日，了解了它们的习俗。说起我们中国的传统节日，不仅仅只有这些，课后同学们可以通过其他方法了解更多的中国传统节日。

（2）中国文化博大精深，源远流长，我们要热爱我们伟大而古老的民族，更要热爱我们的民族文化。

活动二：漫话端午

（一）问题

（1）端午节的由来是什么？

（2）端午节的习俗有哪些？

（二）步骤

1. 谈话导入，明确标准

同学们，每年的农历五月初五就是端午节。端午节是中国的传统节日，是文化的重要组成部分。相信同学们在课后已经收集了丰富的相关资料，并进行了整理与讨论，今天就请各小组的代表上台展示你们的成果吧！

2. 小组汇报，展示成果

小组代表汇报并展示成果。

（1）端午节的别称。

（2）端午节的传说。

（3）端午美食大荟萃。

（4）端午话习俗：赛龙舟、系彩绳、戴香包、洗浴兰汤、挂菖蒲艾草。

3. 收获感言，点评小结

（1）同学们在今天的展示汇报课接近尾声的时候，你能用一两句话说说自己的收获吗?

（2）同学们，看到你们出色的表现，老师真为你们而感到自豪！因为我们参与了、体验了，从而提高了、成长了。在我们的综合实践活动中，过程永远比结果更重要。所以，这节课不是结束，而是开始。端午文化已经带领我们迈入了中国节日文化的大门，里面还有更精彩的内容等着我们继续去探究，让我们在今后的实践活动中表现得更加出色吧！

活动三：端午情深　粽香飘万里

（一）问题

怎样包粽子?

（二）步骤

1. 谈话导入

师：同学们，通过上一节课的学习我们知道了端午节最主要的习俗是吃粽子，知道了粽子的形状和馅料都有哪些，知道了人们在端午节吃粽子是对已故诗人屈原的怀念。那你们喜欢吃粽子吗? 吃过什么样的粽子呢?

师：是啊，粽子有不同的形状，还有很多口味。作为我国的传统食品，粽子既好看又好吃，也是中国历史文化积淀最深厚的传统食品之一。今天老师带来了一些关于粽子的图片，咱们一起来欣赏欣赏。

师：是啊，看得老师都垂涎三尺了。那大家想不想亲手包出这么好看而又美味的粽子呢？那这节课，老师就和大家一起来包粽子，好不好？

2. 认识粽子

（1）包粽子需要哪些材料呢？

（2）我们包粽子，要提前做哪些准备工作？

（3）展示各种粽子的包法。

3. 看视频学习包粽子

（1）播放视频。

（2）让学生说说包粽子的步骤。

4. 小组合作包粽子

同学分组认真包粽子。

5. 成果展示并评价（略）

6. 拓展延伸

（1）其实，关于端午节吃粽子还有一段来历呢，有谁知道？

（2）粽子文化，文化传承。

7. 课堂小结

可见，古代上至皇家贵族，下至黎民百姓，都要在端午节包粽子。这个习俗延续至今，已经成了我们民族文化的一部分。小小的粽子里，包裹了人们太多的情感和寄托。

活动四：翰墨飘香　端午送"福"

（一）问题

（1）结合书法，我们可以用什么传递祝福？

（2）"福"文化和"福"字的书写有什么特点？

（二）步骤

1. 导入

师：上一次活动，我们尝试了包粽子，知道了每一个粽子都传递着温馨的祝福，寄托着美好的情感。它不仅仅是舌尖上的美食，它里面承载的更多的是中国情怀，是一种文化的传承。同学们，试想一下，结合书法，我们可以用什么传递祝福呢？

生：画画、写福字。

师：说得好，那我们今天就来练习写"福"字，用"福"字来传递祝福。

2. 介绍"福"文化

（1）交流："福"字是中国福文化的代表，你在课前收集了哪些有关福文化的资料？

（2）讲解：出示"福"字的演变（视频）——甲骨文、金文、小篆、隶楷行草、宋体字。

（3）出示现在"福"字的寓意，如图2所示。

图2

3. 学习名家的"福"字书写

（1）出示四位书法家的"福"字，如图3所示。

图3

（2）学生进行观察。

（3）你喜欢哪个"福"字，为什么？

（4）师说明这四个"福"字分别选自唐代欧阳修的《九成宫碑》，唐代颜真卿的《多宝塔碑》，唐代柳公权的《玄秘塔碑》，元代赵孟頫的《妙严寺记》。

（5）对于这四位著名的书法家，你了解到哪些？把你知道的说给同学们听一听。

（6）教师出示图片、文字等进行小结。

4. 书法实践——写"福"字

（1）观察"福"字：下面请你再次观察你喜欢的"福"字，找一找这几个"福"字的结构安排和各部分的比例关系。

（2）教师详细描述每个"福"字的书写特点。

（3）学生挑选自己喜欢的"福"字，在红色斗方纸上临摹一个"福"字。

（4）小组内交流第一次书写"福"字的感受，分析写得好和不太理想的地方以及改进的方法。

（5）学生掌握改进方法后再临摹3～4个"福"字。

5. 评价交流

（1）学生选出最满意的"福"字作品，交流展示。

（2）学生观察交流，投票选出5幅自己认为最好的"福"字。

（3）鼓励学生在端午节把自己书写的"福"字送给自己的亲朋好友。

活动五：千古诗情颂端午

（一）问题

你了解哪些端午节的诗词文化？

（二）步骤

1. 谈话导入

师：同学们，自从我们确立了以"中国的传统节日——端午节"为主题的综合实践课以来，历经了前面系列课程的开展，如今我们已行囊满满，收获多多，这节课就让我们继续用独有的方式来感受传统节日的魅力，那就是——诗歌颂端午。

2. 活动展示

师：端午节，是夏天里的一个传统节日，它的到来，意味着夏天越来越深，夏天的味道也浓了。南风吹拂，烈日当空，人们一边追逐着凉意，一边却不忘记热热闹闹地过佳节。和其他节日一样，端午节亦有独特的风俗，令人陶醉其中。历代诗词作品中有不少描述端午景象、缅怀故人的佳作。

师：端午节为每年农历五月初五。据《荆楚岁时记》记载，因仲夏登高，顺阳在上，五月是仲夏，它的第一个午日正是登高顺阳好天气之日，故五月初五亦被称为"端阳节"。此外端午节还称"午日节、五月节、龙舟节、浴兰节"等。从端午节出现开始，不少优秀的诗歌作品便与它产生了关联。今天，就进行小组展示，让我们一起看看同学们的作品完成得如何。请各小组上台。

（1）第一组学生上台展示。齐诵《午节》，让学生说感受。

（2）第二组学生上台展示。

① 男生朗诵《扬州端午呈赵帅》，让学生说感受。

② 女生朗诵《浣溪沙·端午》，诵完，女生解说。

（3）第三组学生上台，介绍端午节的重要习俗——赛龙舟和吃粽子。

① 欣赏宋代黎廷瑞的《端午东湖观竞渡》，唐代杨巨源的《谢人送粽》。

② 让学生说感受。

（4）第四组学生上台，诵读《端午》古诗两首，即宋代胡仲参的《端午》和唐代文秀的《端午》，代表说感受。

（5）最后一组学生上台，朗诵现代诗歌《端午节》。

（6）老师朗诵诗歌《祖国颂》。

3. 小结活动

师：端午节是我国的一个重要的传统节日。这个活动为我们提供了一个很好的展示平台，在活动中同学们都很用心，展示了自己的独特风采，大家不仅饱读了中华经典，也弘扬了中华民族的优秀传统。今后，让我们继续将中国的传统文化传承下去。

活动六：浓墨淡彩绘端午

（一）问题

如何绘画写意粽子？

（二）步骤

1. 互动提问导入

看图猜节日：教师在大屏幕上展示超市里粽子的图片，让学生根据图片内容猜一猜是什么节日。

师：随着人们生活水平的提高，对一些节日也越来越重视了。同学们喜欢过哪些节日？你知道我们中国的传统节日有哪些吗？你们知道农历五月初五是什么节日吗？

师：每年的五月初五是端午节，大家想不想进一步了解端午节的文化和美食呢？让我们带着一颗好奇心一起走进"浓墨淡彩绘端午"这一课。

2. 讲授新课

（1）谈论端午节的来历和习俗。

学生课前查找搜集端午节的相关资料，并在课堂上进行交流讨论。教师进行补充，带着学生一起了解端午节的来历和习俗。

（2）了解结构。

① 让学生观察粽子的外形和颜色，了解粽子是由哪些部分组成的。

② 拓展端午节除了吃粽子，还有其他的饮食习俗，如吃咸鸭蛋、喝雄黄酒、吃艾馍馍等。

（3）认识画写意画的材料工具。

端午到了，桌上铺着漂亮的桌布，还摆满了粽子，充满着节日的气氛。看完这么多端午美食，接下来就让我们一起来学习如何画写意粽子吧！先来认识一下画写意画的材料工具：毛笔、墨汁、国画颜料、调色碟、生宣纸、笔洗等。准备好材料，就让我们一起挥墨创作吧！演示过程如图4所示。

图4

（4）教师示范。

① 教师分步骤详细地描述绘画的过程。

② 学生赏析优秀作品。

3. 自主表现

（1）作业要求：了解端午节的相关习俗，并用写意画法进行绘画粽子创作。

（2）学生完成作业，教师巡视辅导，如图5所示。

图5

4. 赏析评价

（1）学生介绍自己的作品，然后互评作品。

（2）学生集体评选出最佳选手，如图6所示。

图6

5. 拓展延伸

学生在课外可以尝试用不同的绘画工具材料，进行绘画粽子创作，比如水粉、马克笔、彩铅、蜡笔等。

6. 课末小结

今天我们了解了端午节吃粽子的文化习俗，还学习了写意粽子的画法。学习国画需要我们用心去体会，由此可以感受到端午节的传统文化气息。

活动七：童声悠悠唱端午

（一）问题

（1）有关端午节的音乐有哪些？

（2）如何敲打龙舟赛的鼓与锣？

（二）步骤

1. 组织教学

学生听音乐进教室，师生互唱问好歌。

2. 童谣导入，激发兴趣

教师给学生播放童谣，通过童谣导入端午节。

3. 了解端午节的习俗

（1）让学生课前收集端午节的特色活动，并和同学交流。

（2）教师引导学生了解端午节的习俗（播放视频）。

（3）介绍端午节的由来。

4. 教学歌曲《端午节》

（1）播放歌曲《端午节》，引导学生欣赏，让学生初步感知歌曲的内容。

（2）教师带领学生有感情、有节奏地朗读歌词，一边朗读一边脚踏节拍，进一步稳定学生节奏感，如图7所示。

图7

（3）分句跟琴学唱歌曲，教师弹琴学生跟唱。

（4）跟琴完整演唱歌曲（此环节可以采用轮唱或师生接龙唱的方式熟悉歌词）。

（5）跟着音乐完整地演唱歌曲，表现节日的快乐心情。

（6）根据儿歌进行表演（加上简单律动）。

5. 学习锣鼓二声部节奏

（1）每到端午节，各地都要举行赛龙舟活动来纪念屈原，人们在江里洒下米、酒等食物，很多的船家还驾驶着船只在江面上不停地开来开去驱赶争食的鱼虾，到后来就演变成了赛龙舟的活动。每当赛龙舟时，人们边划船，边喊号子，大家齐心协力，场面极为热闹。接下来就让我们一起来欣赏赛龙舟吧！（观看赛龙舟的视频）

（2）由此引出锣和鼓这两种乐器，并让学生跟老师一起敲一敲。

6. 唱一唱、玩一玩

现场模拟龙舟比赛的场景，将全班分成几个队伍上台进行划龙舟比赛。提醒学生把握歌曲的速度，要有稳定的节奏感。

7. 成果展示并评价

让学生展示这节课所学内容，并进行评价。教师颁奖，奖项有第一名、第二名、第三名、最佳合作奖等。

8. 教师小结

同学们，今天我们学习了《端午节》这首童谣，了解了端午节有许多风俗习惯，这些习惯是民俗文化的重要组成部分，我们要继续传承传统文化，让习俗流传下去。

活动八：展成果　话端午

（一）步骤

1. 谈话导入

师：在前期的活动中，同学们都主动参与了我们这次的综合实践活动，老师感受到了你们的参与热情以及对此次活动的喜爱，下面我们就一起来欣赏我们这次活动的成果。

2. 成果展示

欣赏《中国的传统节日——端午节》大型纪录片。

（1）第一集《孩子们的书法美术作品》，展示学生的书法和美术。

（2）第二集《舌尖上的美食》，带上粽子与大家一起尝。

（3）第三集：唱端午、颂端午。

在美妙的音乐伴奏下，我们评选"小画家""小书法家"（如图8所示）"小歌手""美食家""勇气奖""智慧奖"……望着一张张可爱又充满自信的笑脸，大家都觉得这两个多月来的付出太有价值了，收获了很多意外的惊喜！

图8

3. 评价小结

翻开日历，今年的端午节已经过去，但是"中国的传统节日"的活动还在继续。端午文化已经带领我们迈进了中华传统文化的大门，我们还要继续探究中秋、春节等传统节日，培养孩子从小对中华传统文化的了解，树立主动传承中华优秀传统文化的意识，激发学生的爱国精神。

（二）自评

填写学习反馈记录表，见表1。

表1

我学会了：	诗歌《离骚》（ ）包粽子（ ）
我还学了：	悬艾叶（ ）做香包（ ）
屈原打动我的是：	

（三）综合评价

填写综合评价表，见表2。

表2

评价内容	自评	组评	师评
1. 在这次活动中学会了查找电脑收集资料	☆ ☆ ☆ ☆ ☆	☆ ☆ ☆ ☆ ☆	☆ ☆ ☆ ☆ ☆
2. 在这次活动中自学了诗歌	☆ ☆ ☆ ☆ ☆	☆ ☆ ☆ ☆ ☆	☆ ☆ ☆ ☆ ☆
3. 了解了一到两个端午节的习俗	☆ ☆ ☆ ☆ ☆	☆ ☆ ☆ ☆ ☆	☆ ☆ ☆ ☆ ☆
4. 认识到了端午节的精神内涵	☆ ☆ ☆ ☆ ☆	☆ ☆ ☆ ☆ ☆	☆ ☆ ☆ ☆ ☆
收获与体会：			

设计意图：通过这样的小结分享汇报、反馈记录表及自我评价表，引发学生的思考，让学生把在实践过程中所学到的技能真正运用到生活中去。

【活动反思】

这个活动取得了良好的效果，其实整个过程就是一个简单通俗的综合实践课。俗话说，百闻不如一见，百见不如动手一遍，应让孩子多一些参与、多一份体验，体验比结论更重要。然而，这个活动并不是结束，而是开始，端午文化已经带领我们迈进了中华传统文化的大门。两千多年前就已存在的传统习俗，时至今日，端午节在我国仍是十分隆重的节日。2008年，端午节在我国被定为法定节假日，越来越多的人开始关注这一传统节日。这当然是一件好事，但现代快节奏的生活，导致很多人只是把端午节当作一个假日来对待，而忽视了其中的文化内涵。我希望通过本次活动，能够挖掘端午节的内涵与深意，那就是——爱国，让它成为一种精神，从小就扎根于孩子们的心中。

舌尖上的酸菜

大埔县高陂镇埔田田家炳小学　田禹良

【活动理念】

我校挖掘地方特色资源酸菜，积极开展"舌尖上的酸菜"劳动周课程，拓展了劳动教育的实施途径，发展了学生的劳动意识和能力，打通了学校和社会的联系，发挥了劳动教育的综合育人价值。

【活动背景】

1. 国家战略：2020年3月中共中央、国务院印发了《关于全面加强新时代大中小学劳动教育的意见》，要求整体优化学校课程设置，将劳动教育纳入中小学国家课程方案，形成具有综合性、实践性、开放性、针对性的劳动教育课程体系。根据各学段特点，在大中小学设立劳动教育必修课程，系统加强劳动教育。大中小学每学年设立劳动周，以集体劳动为主。

2. 地域优势：我们村位于韩江上游不设防的河畔，洪水泛滥堆积的肥沃土壤有利于蔬菜种植。为避免较大损失，在上游洪峰到来之前要及时收割农作物，本地农民基本以种菜为生。广东客家人有千年的手工加工酸菜的历史和传统，本村的酸菜远近闻名，本村公司的酸菜在广东农产品地方特产展销会上得到了我们县长的推荐。客家酸菜多选用韧性较好的多叶芥菜作为原料加工制作，本村人爱种芥菜，爱吃酸菜，学生们从小对酸菜加工耳濡目染。我们学校学生拥有得天独厚的"酸菜"乡土资源以及学生对酸菜加工有强烈的好奇心和参与的积极性，有利于"舌尖上的酸菜"劳动周课程的开展。

— 21 —

【活动目标】

1. 劳动观念：通过收割晾晒芥菜，让学生体验劳动的艰辛，使其尊重劳动成果和劳动人民。

2. 劳动能力：使学生能按时按质完成劳动任务，学会自我管理和团结合作。

3. 劳动习惯：使学生养成自觉劳动、安全规范、有始有终等劳动习惯。

4. 劳动精神：使学生形成不畏艰难、精益求精的精神。

【活动重难点】

重点：让学生经历收割、晾晒、腌制、包装、销售酸菜的过程，体验劳动的艰辛，形成尊重劳动成果和劳动人民的观念。

难点：让学生自觉劳动，使学生养成安全规范、有始有终等劳动习惯。

【活动对象】

五、六年级学生已经具备了一定的劳动经验，有一定的劳动能力，能够在集体劳动中团结协作、自觉遵守劳动纪律。本村人爱种芥菜，爱吃酸菜，学生们对酸菜从小耳濡目染，对酸菜有强烈的好奇心和制作酸菜的积极性。

【活动准备】

学生：采访老手工艺人，听取收割芥菜的经验；调查天气。

教师：联系农户沟通收割、晾晒芥菜事宜，确定收割时间、地点；准备好工具，包括镰刀、一次性手套鞋套、医疗包等。

【活动方法】

教法：讲授法、演示法、练习法。

学法：调查法、实践法、合作法。

【活动时间】

30课时（劳其筋骨、健其体魄）。

【活动内容】

客家酸菜是中华优秀传统文化的一部分，广东客家人有千年加工酸菜的历史，本村酸菜远近闻名，为了让学生了解家乡的优秀产品，更加热爱家乡，特地开展了"舌尖上的酸菜"劳动周校本课程。通过整合不同学科，我设计了六个环节的活动，共30课时的活动过程。

【活动过程】

活动一：酸菜的前世今生

（一）情境导入

教师：同学们，我们家乡的什么远近闻名（田家炳故居、李光耀故居、广东省××小镇、××水利枢纽工程）？……嗯，同学们对我们家乡都非常了解。刚才有的同学聊到咸菜（学名酸菜），今天聊聊我们家乡的酸菜。谁来说一说你认识的酸菜是怎么样的？

什么颜色的？口感如何？主要由什么原料做成的？

设计意图：从学生生活入手，联系学生生活经验。这样可以很好地激发学生的学习兴趣，为下面的课堂学习内容做准备。

请大家说说吃过哪些酸菜搭配的美食？

（酸菜炒牛肉、酸菜饭、酸菜鸡、酸菜鱼、炒酸菜、酸菜炒猪肚……）

设计意图：作为客家人，谈起关于酸菜的美食肯定头头是道，激发学生对家乡的热爱之情。

（二）知识简介，了解酸菜的"前世"

师：刚才谈到酸菜主要是由芥菜制作而成的，同学们想不想了解酸菜的"前世"——芥菜呢？芥菜是一年生草本植物，高30～150厘米，常无毛，有时幼茎及叶具刺毛，带粉霜，有辣味；茎直立，有分枝。生长在山区田间的芥菜，不仅没有农药的污染，而且茎壮肉厚，聪慧的客家人采用不同的做法把它变成餐桌上美味的佳肴。把它腌制成酸菜是客家人的独门绝技，广东客家人有千年手工加工酸菜的历史和传统。

设计意图：教师讲解芥菜知识，丰富学生知识，了解芥菜的价值。

（三）任务驱动，了解酸菜的"今生"

（1）同学们，芥菜是怎么变成酸菜的？大家看看林锐同学制作的酸菜成长的劳动视频。

同学们看了视频以后有什么感想？

请同学们说说做成酸菜需要哪些步骤？

大家看看刚才小结的步骤对不对（出示步骤）。

设计意图：视频展示增强学生的直观体验，进一步丰富了学生的知识面。

（2）介绍芥菜制成的客家酸菜：酸菜历史悠久，它是上好的佐料，能和各种肉类配成味道独特的菜肴。有一首山歌这样赞美酸菜，"客家咸菜十分香，能炒能煮能做汤，味道好过靓猪肉，名声咁好到南洋。"

为了让大家了解客家酸菜让我们先通过一段视频认识酸菜吧。播放酸菜的视频。

请同学们说说什么样的酸菜才是好酸菜？卖多少钱？酸菜的香味是自然发酵而来的。

（3）我们家乡的酸菜远近闻名，不信，你瞧！（出示县长带货直播酸菜的视频，培养学生的自豪感）简要介绍本村A酸菜公司。

设计意图：充分利用社会资源，引导学生实际感受家乡特产的丰富与优秀，感受家乡的变化和发展，激发学生热爱家乡的情感。

（四）课外拓展

通过宣传片认识外地的酸菜，拓宽学生眼界。同学们，酸菜的种类有很多，如东北酸菜、四川酸菜、潮州酸菜等。（展示外地酸菜图片）

（五）成果展示

请大家制作手抄报宣传家乡的酸菜。

（六）布置作业

（1）搜索天气预报，看明天是否适宜收割、晾晒芥菜，思考要准备好哪些东西。

（2）课后用酸菜给家人做一顿美味的菜肴。

设计意图：生活即教育，社会即学校。让学生在生活和实践中，成长与成功并进，这才是最美妙的教育生活。

（3）填写课前发的学生劳动实践评价表。

活动二：酸菜我来了

（一）讲解说明

教师明确活动任务要求、工具使用方法以及注意事项。

（二）淬炼操作

（1）同学们，怎么使用镰刀？哪位同学能说一说？

（2）哪位同学来试一试？请同学试试收割芥菜，教师表扬或纠错。（快速调取了学生已有的生活经验，考查学生对劳动工具镰刀的掌握程度）（同学们做得对不对呢？）

（3）教师示范指导。同学们右手握住刀把割菜颈部，左手拿菜，刀刃向左，镰刀要注意紧挨着地，不要割到左手，劳动的时候要注意避免误伤周围的同学。晾晒芥菜的同学要注意前面使用镰刀的同学，要保持间距。

设计意图：让学生正确使用工具，不要误伤他人，并做好自我防范。

（三）项目实践

（1）请个别同学先示范收割芥菜，教师表扬或纠错，重申要求。

（2）各小组分工团结协作，比比看哪一组既安全又高质量且能更快完成任务。

设计意图：安全规范生产是劳动教育的重要目标。

（3）注意学生使用镰刀是否安全，纠正个别学生的错误做法，割到芥菜末端，镰刀口向下。

（4）教育学生珍惜劳动成果，把散落的菜叶捡起来。（温习古诗《悯农》）

（5）完成劳动任务以后，看晾晒的芥菜是否均匀平铺，检查工具是否收齐，地上有无浪费的枝叶。

设计意图：培养学生形成良好的劳动习惯。

（四）交流反思

学生分享劳动感受。（例如，同学们认真听讲，掌握了收割芥菜的技能；在劳动中珍惜粮食，注意安全，不怕脏，不怕累，积极劳动；小组成员同心协力完成任务；检查工具是否收齐，具有良好的劳动习惯。）

设计意图：使学生形成对劳动与人类生活、社会发展、个人成长之间关系的正确认识，懂得人人都要劳动，劳动创造财富，树立劳动最光荣、劳动最崇高、劳动最伟大、劳动最美丽的意识。

（五）榜样激励

（1）评选最佳劳动小组。

（2）评选劳动小能手。

（3）最佳表现奖。

设计意图：树立多类典型，激发学生的劳动热情。

（六）布置作业

（1）把今天的劳动感受用日记写下来。

设计意图：融合语文学科，用日记记录丰富多彩的体验，让学生更热爱生活。

（2）采访曾经腌制过酸菜的家人或邻居，了解腌制酸菜的知识。

（3）完成课前发下去的劳动实践表。

活动三：你是我的菜

（一）情境导入

前面我们学习了酸菜的相关知识，并且到菜地里进行了收割、晾晒芥菜，今天我们到农户家腌制酸菜。

（二）讲解说明

教师明确活动任务要求、注意事项。

（三）淬炼操作

请家里腌制过酸菜的同学示范踩菜。

（四）项目实践

（1）地上铺垫塑料纸。再把芥菜一层一层地铺成长方形，每层要撒盐。

思考：铺菜为什么要用塑料纸？为什么撒盐要适量？

（2）戴上脚套踩芥菜，踩到软熟为止。

（3）请经验丰富的农民示范后，让学生实践。（请经验丰富的专业人士做技术指导，解决劳动教育师资问题。到农民家腌制酸菜，拓展劳动教育的区域。）

（4）学生体验封装。封装为什么要隔绝空气？（利于乳酸菌在缺氧环境下发酵）

小贴士：

封瓮：发酵过程中缸中会产生气泡，随时将密封缸口的塑料膜紧贴水面抹平。酸菜发酵需要透气，缸和瓮都比较适合，适宜的发酵温度为

8℃～15℃；低于5℃，温度过低，不利于酸菜变酸；过高，酸菜容易腐烂。

腌制时间（一般情况下，腌制品在被腌制的4～8天内亚硝酸盐含量最高，第9天后开始下降，20天后开始消失，所以三周后食用为宜）

（五）反思交流

学生分享劳动体会。教师对学生劳动情况进行点评总结。

设计意图： 培养学生运用多学科知识和多方面经验解决劳动中出现的问题，发展创造性劳动的能力。讲卫生是本课培养学生良好劳动习惯的重点内容。

（六）榜样激励

（1）评选最佳劳动小组。

（2）评选劳动小能手。

（3）最佳表现奖。

设计意图： 树立多类典型，激发学生劳动热情。

（七）布置作业

（1）把今天的劳动感受用日记写下来。

设计意图： 融合语文学科，用日记记录丰富多彩的体验，让学生更热爱生活。

（2）向家人了解本村企业A酸菜公司。

（3）完成课前发下去的劳动实践评价表。

活动四：酸菜变变变

今天我们到本村A酸菜公司参观。美观好吃的酸菜是怎么包装出来的？你们想试一试吗？

（一）讲解说明

（1）教师明确活动任务要求、注意事项。（安全、礼貌）

（2）工作人员介绍公司生产的酸菜及其优点。

设计意图： 加强学生对家乡公司生产的优秀产品的认识，让学生更加热爱家乡。

（二）淬炼操作

工作人员示范指导包装。

要求：注意卫生，标准化包装，不合格返工。

设计意图： 教育学生做事要认真负责，避免不合格产品返工，使学生树立质量意识。

（三）项目实践

（1）个别体验，工作人员指导。

（2）小组分工合作，教师和技术人员进行指导帮助。

（3）动手实践把酸菜包装入袋。

（4）将阿姨验收合格的酸菜在指导下进行真空包装。

（5）把装好的包装袋再次清洗，晾干。

（6）把另一批晾干的小包酸菜装到酸菜箱。

（四）反思交流

（1）评选优秀作品，进行自评和互评，看一看自己的作品能得几颗星。

（2）学生讲述劳动体验。

（3）成果展示。

（五）榜样激励

（1）评选最佳劳动小组。

（2）评选劳动小能手。

（3）最佳表现奖。

设计意图：树立多类典型，激发学生的劳动热情。

（4）成果展示。

（六）布置作业

（1）把今天的劳动感受用日记写下来。

设计意图：融合语文学科，用日记记录丰富多彩的体验，让学生更热爱生活。

（2）完成课前发下去的劳动实践评价表。

（3）完成买菜调查统计表，见表1。（为下节课销售酸菜做准备）

表1

采访人	采访对象	家里谁负责买菜？	买菜时间	买菜地点	支付方式
					手机（　）现金（　）

活动五：我为酸菜代言

（一）激趣导入

我们在前面的环节中，学习了酸菜的相关知识，还去了农户菜地收割、晾晒芥菜，到农户家腌制酸菜，到A酸菜公司包装酸菜。今天我们进入的环节叫作"我为酸菜代言"，任务是把酸菜卖出去。

（二）讲解说明

教师明确活动任务要求、注意事项。（安全、纪律等）

（三）淬炼操作

（1）分组，选小组长。

（2）展示调查表，小组合作研究酸菜销售策略。

各小组讨论以下问题：

① 销售前要做哪些准备？（零钱、塑料袋、收款二维码）

② 销售时间？地点？销售对象？（前期问卷调查）

③ 小组分工，谁招呼客人？谁收钱？谁打包？

④ 你观察到生活中卖东西的人是怎么卖东西的？什么态度？有什么小妙招？

⑤ 请陪家长买过菜的同学谈谈经验，或者交流采访的家长买菜的经验。

（3）各小组汇报交流。

（4）模拟买卖双方，填买菜调查统计表，见表2。

表2

采访人	采访对象	家里谁负责买菜？	买菜时间	买菜地点	支付方式
					手机（　　）现金（　　）

（四）项目实践

1. 摆摊卖菜和超市推销

（1）寻找销售对象。（家里一般谁负责买菜）

（2）积极推销。（热情待人，多说优点）

（3）讲礼貌。（热情待人）

2. 认识网络销售

独立思考以下问题，小组交流汇报。

（1）摆摊零售、超市批发、网络销售的顾客有什么不同？

（2）酸菜的售卖价格为什么不同？（农民摆摊每斤5元、超市6元、网络销售21元。树立质量意识、品牌意识、绿色产品）

（3）为什么网络销售打折后还便宜那么多？为什么不直接以优惠价销售？（分析双十一涨价打折现象）

（五）反思交流

（1）今天同学们有什么收获？如果以后我们要去卖东西怎么做？请进行自评和互评。

设计意图：引导学生小结、交流，促进学生形成反思交流习惯。组织学生交流分享劳动的体验和收获，将反思交流与改进结合起来，使学生获得成长。

（2）成果展示。展示两组销售结果。

设计意图：引导学生思考挣钱不易，多尊重劳动者，理解父母的艰辛。

（3）请你谈谈今天销售的感觉，你认为哪些比较成功？哪些做得不够好？以后怎么改进？

（六）榜样激励

（1）评选最佳劳动小组。

（2）评选劳动小能手。

（3）最佳表现奖。

设计意图：树立多类典型，激发学生的劳动热情。

（七）布置作业

（1）今天同学们有什么收获？请你用日记写下来。

（2）完成课前发下去的劳动实践评价表。

活动六：酸菜的酸甜苦辣

（一）我是劳动小能手

（1）前情回顾，播放劳动精彩图片，让学生再次回味劳动的快乐。

（2）分享劳动周的经验，小结成败得失，反思提高。

（3）榜样激励。评选"最佳劳动小组"和评选"劳动小能手"。

（4）获奖者分享成功经验。

（二）劳有所得

师：作为客家人，一定吃过"酸菜焖饭"。冬季农忙之后，客家人习惯做顿大餐犒劳下自己，以前物质条件贫乏，没有现在那么多配料，焖一锅热腾腾的酸菜饭，就满足得不得了。（准备材料：大米、亲手做的酸菜、五花肉）

教学提示：劳动教育必须尊重科学，不能今天种菜明天吃。腌制酸菜一个月以后才能食用，与本劳动周的酸菜不是同一批酸菜。酸菜饭的酸菜是本校高年级学生在校内劳动实践基地亲手种植、腌制的。

（1）学生分工合作做酸菜饭，布置五六年级桌椅。

（2）品尝酸菜饭，享受劳动成果，感受"自己动手，丰衣足食"的幸福。

（三）反思交流

（1）劳动感受大家谈。

小结：高尔基说过："劳动——欢乐和美好的源泉"。

教学提示：在劳动教育中提高小学生的劳动技能固然重要，但更重要的是教育作用。我们不能把劳动教育完了等同于教育好了，劳动教育最后要召开座谈会，让学生分享劳动成果，交流反思，分享劳动的酸甜苦辣。

（2）你养成了哪些良好的劳动习惯？（注意安全、微笑服务、讲礼貌、讲卫生、规范生产、团结协作、热爱劳动……）

（3）老师寄语：美好生活来自劳动创造，酸菜看似平常，但要想吃上却需要经过艰苦的劳动。我们要学会珍惜劳动成果，尊重劳动人民。我们今天的幸福从大处说是中国共产党带领全国人民艰苦奋斗实现的，从小处说是父母努力奋斗出来的。我们要懂得感恩，要拿出自己的实际行动回报国家和父母。我们要努力奋斗，懂得用勤劳的双手撑起自己的未来，为自己、为家人、为家乡、为国家努力学习。（适时播放音乐《感恩的心》）

设计意图：先苦后甜，引导学生树立正确的劳动价值观。

（四）布置作业

（1）跟家人说说劳动周感受，用自己喜欢的方式感谢家人为你们付出的劳动。

（2）寻找生活中最美的劳动者，请你用绘画、文字、摄影等多种方式告诉大家。

（3）完成课前发的劳动实践评价表。

设计意图：在每次开展学习活动前，都要让学生明白评价内容、评价标准。通过评价标准先行，让学生知道怎么操作、怎么学习、怎么评价。

【活动反思】

劳动周课程通过让学生到菜地收割晒芥菜、农民家踩菜腌制、A酸菜公司包装体验生产劳动，养成了良好的劳动习惯，体认劳动的艰辛。通过摆摊、超市推销、网络销售等服务性劳动让学生感受挣钱不易，在分工合作、讨论销售策略中让学生体会团队合作的重要性，懂得了文明礼仪在社会交往中的重要性，掌握和人沟通交流的能力；最后座谈会及分享劳动成果让学生感受劳动最美丽、劳动最光荣，更加热爱劳动和家乡，更尊重父母、劳动成果和劳动人民。

附：

学生劳动实践评价报告见表3。

表3

时间：＿＿＿＿＿＿　姓名：＿＿＿＿＿＿　总分：＿＿＿＿＿＿

维度	自评分	同学互评分	教师评分
1. 我掌握了酸菜收割、晾晒、腌制、包装、销售的技能及相关知识			
2. 我会用所学的各学科知识解决实际问题			
3. 我知道活动中要注意安全和文明礼仪，遵守秩序，并养成了良好的劳动习惯			
4. 我全程认真参与本次劳动并按时按质完成规定任务			
5. 我努力解决在活动中遇到的困难			
6. 我善于沟通，能及时发表自己的看法			
7. 我能和同伴合作、分享，愿意接受他人的意见			
8. 我能认真倾听，积极回应，及时提出建设性意见			
9. 我经常会反思并调整自己的想法			
10. 我能对自己及同伴做出公平、公正的评价			
合计（每项10分，满分100分）			
活动中，我印象最深刻的是：			
活动中，我遇到了什么困难，我是如何克服的？			
经过本次活动，我的收获是：			

生活垃圾的研究

五华县龙村镇中心小学　庄彩丹

【活动理念】

本主题属于考察探究类活动，是《中小学综合实践活动课程指导纲要》推荐的主题。本主题按照"了解生活垃圾的来源—考察垃圾分类现状—开展垃圾分类活动"这一思路，安排了3个活动，分别是"活动一生活垃圾的产生"（2课时）"活动二垃圾分类好处多"（3课时）以及"活动三垃圾分类，从我做起"（3课时），共8课时。通过考察、调查、访问、统计、设计、制作等活动方式，让学生了解垃圾的危害及处理现状，养成垃圾分类的习惯，增强学生的环境保护意识，具有现实意义和教育意义。

【活动背景】

梅州被誉为"世界长寿之都"，是一个"空气清新、碧水蓝天、风景迷人"的慢生活之城。但是，由于个别市民的环保意识不强，使孩子们从小没有养成"垃圾分类"的好习惯，导致我们周边的环境被垃圾污染。本次以环境问题立意，围绕"生活垃圾的研究"开展一系列活动，使学生从身边做起，从小事做起，学习并掌握"垃圾分类"。通过实践活动，培养学生保护环境的社会责任感，最终达到"小手拉大手，共建美丽文明城"的效果，形成"教育一个学生，带动一个家庭，文明一个社会"的好局面。

【活动目标】

1. 价值体认：认识到污染环境对人类的危害，培养学生的环保意识和保护环境的社会责任感。

2. 责任担当：在生活垃圾探究活动中，让学生提出可行性建议，敢于承担任务。

3. 问题解决：让学生了解垃圾的产生，掌握垃圾分类的方法，开展垃圾分类的宣传和实践活动。

4. 创意物化：学生宣传垃圾分类的好处，践行垃圾分类，用行动保护环境。

【活动重难点】

重点：学生学会垃圾正确分类。

难点：学生垃圾分类收集习惯养成难，新品种垃圾不断出现分类难，低价值废弃物分类收集利用难。

【活动对象】

我校301班全体学生。

【活动准备】

根据活动内容选择有针对性的活动工具和材料。

【活动方法】

考察、调查、采访、设计、制作等多种多样契合主题的活动形式。

【活动时间】

2020年9月至2021年1月。

【活动内容】

粤高教版小学《综合实践活动》三年级下册第56～72页。

【评价方式】

根据每个活动的特点采用相对应的评价方式，既反映了学生的活动过程又能准确地评价每个活动的效果。

【活动过程】

活动一：生活垃圾的产生

（一）内容

粤高教版小学《综合实践活动》三年级下册第56～59页。

（二）重难点

重点：让学生通过实地考察、拍照、采访、调查等活动方式了解垃圾分类的现状及生活垃圾的来源。

难点：让学生了解生活垃圾的来源及家庭生活垃圾的处理方式。

（三）准备

教师：搜集和整理社会、校园等垃圾堆放或处理情况的照片、视频；准备垃圾分类的相关知识课件。

学生：观察身边（班级、家庭、社会）垃圾处理的方式及情况。

（四）指导要点

（1）指导学生用实地考察、拍照、采访、调查等活动方式了解垃圾分类的现状及生活垃圾的来源。

（2）指导学生回顾设计采访问题的方法。

（3）指导学生跟进并记录家庭生活垃圾的处理情况和方法；鼓励学生对班级、社会生活垃圾处理情况进行跟进、记录。

（4）指导学生在了解垃圾处理情况的基础上分析垃圾处理的现状。

（五）课例

第一课　生活垃圾的来源

一、活动引入

先出示"梅州十景"激发学生兴趣，再出示垃圾围城的图片进行对比，引导学生说出自己的感受，思考垃圾产生的原因，从而引出主题"生活垃圾的研究"。

二、主题生成

（1）出示图片，帮助学生了解生活垃圾的概念、生活垃圾的种类。

（2）引导学生围绕主题，提出问题，并补全问题调查表，见表1。本表旨在激发学生主动获取知识的欲望。

表1

姓名	
我最想研究的问题	
我想研究这个问题的原因	

（3）组织学生小组合作，筛选问题，选择有研究价值的问题。

（4）解决问题应从源头开始，学生确定本课时的活动主题——"生活垃圾的来源"，如图1、图2所示。

图1　　　　　　　　　　　图2

三、方案制订

（1）组织学生围绕主题，展开讨论，确定活动地点、活动形式等内容。

（2）引导学生成立小组，明确分工，具体安排做了个表格，见表2。

表2

主题名称			
组名		组长	
成员及分工			

（3）学生畅所欲言，制订方案。学生头脑风暴，设计采访记录表，见表3。

表3

时间		地点		被采访人		记录	
采访问题				采访记录			
1.这些垃圾是哪些人扔的？							
2.这些垃圾有人清理吗？多久清理一次？							
3.你认为怎样处理最好？							
……							

（4）指导学生汇报交流，优化方案。

学生亲身经历从制订方案到优化方案的全过程，如图3、图4所示，提高了学生的策划能力。

图3 图4

四、活动实施

（1）开展活动。学生通过实地考察，采访居民、环卫工人、家长了解生活垃圾的来源，体会生活垃圾的产生与自身息息相关。

（2）理材料。学生在完善采访记录表、写活动报告的过程中获得理性反思、梳理小结的能力。

（3）设计展示。鼓励学生把活动照片、文字材料等设计为成果展示，如图5、图6所示，提高学生创意物化能力。

图5 图6

五、成果展示

（一）创设比赛，激发兴趣

比一比，看哪个小组的展示最有创意，最有亮点！

（二）分享探究，交流体验

学生通过展示、点评，不仅全面了解了生活垃圾的来源，同时也产生了想要进一步研究垃圾处理问题的欲望，如图7、图8所示。

图7　　　　　　　　　　　图8

（三）总结反思，评价提升

通过写一写、评一评，让学生小结收获，畅谈体会，使学生达到自我完善、自我提升的效果，如表4。

表4

评价内容	自评	组评	师评
交流讨论	☆ ☆ ☆	☆ ☆ ☆	☆ ☆ ☆
创意贡献	☆ ☆ ☆	☆ ☆ ☆	☆ ☆ ☆
团队协作	☆ ☆ ☆	☆ ☆ ☆	☆ ☆ ☆
展示汇报	☆ ☆ ☆	☆ ☆ ☆	☆ ☆ ☆
收获与体会：			

（四）扩展延伸，布置作业

作业：观察→身边垃圾处理的情况，分析→垃圾处理的现状，思考→解决问题的办法。

第二课　生活垃圾处理的现状

一、主题生成

PPT出示上节课学生的活动照片和课后产生的疑问，确定本课主题——"生活垃圾处理的现状"。培养学生从生活中发现问题，提出问题，最终解决问题的能力。

二、方案制订

（1）组织学生围绕主题，展开讨论，确定活动地点、活动方式等内容。

（2）引导学生成立小组，明确分工，见表5。

表5

主题名称			
组名		组长	
成员及分工			

（3）鼓励学生畅所欲言，制订方案，生活垃圾情况调查表见表6。

表6

所在地	垃圾数量	垃圾种类	处理方式

（4）指导学生汇报交流，优化方案。

学生亲身经历从制订方案到优化方案的全过程，提高了策划能力，如图9、图10所示。

图9　　　　　　　　图10

三、活动实施

（1）开展活动。学生通过调查了解学校、家庭、社会一天产生的垃圾数量、垃圾种类和处理方式。

（2）发现问题。学生在完善、统计"生活垃圾情况调查表"的过程中，发现人们在处理垃圾时存在的问题，小结出当前我们身边生活垃圾处理的现状：混合收集、混合运输、混合处理。

（3）分析问题。学生根据垃圾处理的情况，分析造成这些现状的原因有人们环保意识薄弱、垃圾分类宣传不到位……

（4）设计展示。鼓励学生把活动照片、文字材料等设计为成果展示，提高学生创意物化能力，如图11、图12所示。

图11　　　　　　　　　　图12

四、成果展示

（一）创设比赛，激发兴趣

比一比，看哪个小组的汇报最精彩，最有亮点！

（二）分享探究，交流体验

学生通过展示、点评，提出解决问题的办法：提升人们的环保意识，加大对垃圾分类的宣传等。

（三）总结反思，评价提升

1.调查活动结束后，我完成了

（1）"垃圾从哪里来"的采访活动。

（2）家庭生活垃圾情况调查。

2.我发现

（1）家里的厨余垃圾最多，是做饭时产生的或者吃剩的。

（2）环卫工人收垃圾时是把垃圾全部集中在一起收走的。

通过写一写、评一评，让学生小结收获，畅谈体会，使学生达到自我完善、自我提升的效果，见表7。

表7

活动环节	评价内容	评价：根据程度涂星		
		自评	组评	师评
看一看	能介绍自己家里、班级或社会中垃圾桶的情况	☆☆☆	☆☆☆	☆☆☆
访一访	能走访居民或环卫工人，了解垃圾的来源	☆☆☆	☆☆☆	☆☆☆

活动环节	评价内容	评价：根据程度涂星		
		自评	组评	师评
小调查	能完成调查，对家里、班级或社会一天产生的垃圾量有一定的了解	☆☆☆	☆☆☆	☆☆☆
收获与体会：				

（四）扩展延伸，布置作业

通过此次活动，学生了解了生活垃圾的来源与自身的关系，发现了身边垃圾的处理现状不容乐观。作业：怎样改变垃圾处理的现状？

活动二：垃圾分类好处多

（一）内容

粤高教版小学《综合实践活动》三年级下册第60～66页。

（二）重难点

重点：让学生在了解垃圾的危害和垃圾分类的好处后，制订本班垃圾分类实施方案，用行动践行垃圾分类。

难点：全班达成垃圾分类共识，并制订切实可行的班级垃圾分类方案。

（三）准备

教师：搜集国内外垃圾分类的先进案例和做法；准备好身边垃圾分类的典型班级、家庭或个人。

学生：搜集垃圾分类资料，了解垃圾的危害及垃圾分类的好方法。

（四）指导要点

（1）指导学生搜集垃圾的危害、国内外垃圾分类的资料，并对资料进行整理，与全班同学分享交流。

（2）指导学生对生活垃圾进行分类，通过采访了解他人进行垃圾分类的好方法。

（3）指导学生根据学校及班级的实际情况，制订切实可行的班级垃圾分类实施方案。

（4）指导学生根据班级垃圾分类实施方案开展实践活动，用行动践行垃圾分类。同时对班级执行情况进行跟踪记录，通过对比，促使学生坚持做好班级垃圾分类的工作。

（五）课例

第一课　垃圾的危害

一、主题生成

出示一组生活中人们乱扔垃圾的图片，再出示几张自然界受到污染后的图片，用触目惊心的场景、视觉上的冲击使学生形成要改变这一现象的意念，从而引出本次活动的主题——"垃圾的危害"。

二、方案制订

（1）组织学生围绕主题，展开讨论，让学生有目的、有计划地制订方案。

（2）引导学生成立小组，明确分工，见表8。

表8

主题名称			
组名		组长	
成员及分工			

（3）鼓励学生畅所欲言，制订方案，见表9。

表9

主题名称			
组名		组长	
口号			
活动时间		活动地点	
活动目的			
活动准备			
活动流程			
成员及分工			

（4）指导学生汇报交流，优化方案。

学生亲身经历从制订方案到优化方案的全过程，提高了策划能力，如图13、图14所示。

图13   图14

三、活动实施

（1）开展活动。通过查阅书籍、上网搜索等方式，学生获得了大量的有关垃圾危害的资料。

（2）整理资料。通过整理资料，学生小结出垃圾的危害主要有占地过多、污染环境、危害健康。

（3）减少垃圾。学生自觉产生科学处理垃圾的意愿，思考出减少垃圾的小妙招。

（4）设计展示。鼓励学生动手制作废物利用小手工，将研究结果设计为成果展示，提高学生创意物化能力，如图15、图16所示。

图15   图16

四、成果展示

（一）创设比赛，激发兴趣

比一比，看哪个小组的展示最有创意，最有亮点！

（二）分享探究，交流体验

（1）说一说。各小组上台汇报垃圾的危害→全班小结

（2）晒一晒。各组汇报减少垃圾的方法→展示废物利用小手工。

学生对垃圾的危害有了更深的了解，并用行动减少垃圾，养成节能减排的好习惯，如图17、图18所示。

图17　　　　　　　　　图18

（三）总结反思，评价提升

通过写一写、评一评，让学生小结收获，畅谈体会，使学生达到自我完善、自我提升的效果，见表10。

表10

评价内容	自评	组评	师评
交流讨论	☆☆☆	☆☆☆	☆☆☆
创意贡献	☆☆☆	☆☆☆	☆☆☆
团队协作	☆☆☆	☆☆☆	☆☆☆
展示汇报	☆☆☆	☆☆☆	☆☆☆
收获与体会：			

（四）扩展延伸，布置作业

学生课后用行动减少垃圾的产生。作业：探究垃圾分类有什么好处？

第二课　垃圾分类好处多

一、主题生成

播放垃圾围城视频，复习引入，出示国内外垃圾分类的先进案例，与之前视频产生对比，激发学生探究的欲望，引出本次活动的主题——"垃圾分类好处多"。

二、方案制订

（1）组织学生围绕主题，展开讨论，让学生有目的、有计划地制订方案。

（2）引导学生成立小组，明确分工，见表11。

（3）让学生畅所欲言，制订方案。

表11

主题名称			
组名		组长	
口号			
活动时间		活动地点	
活动目的			
活动准备			
活动流程			
成员及分工			

（4）指导学生汇报交流，优化方案。

学生亲身经历从制订方案到优化方案的全过程，提高了策划能力。

三、活动实施

（1）开展活动。通过查阅书籍、上网搜索等方式，学生获得了大量的有关国内外垃圾分类的资料。

（2）整理资料。通过整理资料，学生小结出垃圾分类的好处有：减少占地、减少污染、变废为宝。

（3）掌握方法。让学生阅读知识快递学习生活垃圾的分类；记熟垃圾分类拍手歌。让学生通过听一听、唱一唱、分一分掌握垃圾分类的方法，思考垃圾分类小妙招，引导学生形成废物利用、变废为宝等环保技能。

（4）设计展示。鼓励学生把活动中学到的知识、照片等，设计为成果展示，提高学生创意物化能力，如图19至图21所示。

图19

图20

图21

四、成果展示

（一）创设比赛，激发兴趣

比一比，看哪个小组的展示最有创意，最有亮点！

（二）分享探究，交流体验

学生用多种形式展示成果，不仅将垃圾分类的理念深深植入心中，还提高了其环保意识和创新能力。

（三）总结反思，评价提升

通过写一写、评一评，让学生小结收获，畅谈体会，使学生达到自我完善、自我提升的效果，见表12。

表12

评价内容	自评	组评	师评
交流讨论	☆ ☆ ☆	☆ ☆ ☆	☆ ☆ ☆
创意贡献	☆ ☆ ☆	☆ ☆ ☆	☆ ☆ ☆
团队协作	☆ ☆ ☆	☆ ☆ ☆	☆ ☆ ☆
展示汇报	☆ ☆ ☆	☆ ☆ ☆	☆ ☆ ☆
收获与体会：			

（四）扩展延伸，布置作业

学生课后向身边的人说说垃圾分类的好处。作业：如何在班里实现垃圾分类？

第三课　垃圾分一分，班级美十分

一、主题生成

出示垃圾分类的知识竞赛的游戏，复习引入，调动学生的学习兴趣，如图22、图23所示，引出本次活动主题——"垃圾分一分，班级美十分"。

图22　　　　　　　　　　图23

二、方案制订

（1）组织学生围绕主题，展开讨论。引导学生通过调查、采访等方式，借鉴、学习他人进行垃圾分类的好方法。

（2）引导学生成立小组，明确分工，见表13。

表13

主题名称			
组名		组长	
成员及分工			

（3）鼓励学生畅所欲言，制订方案，采访记录表见表14。

表14

时间		地点		被采访人		记录	
采访问题				采访记录			
1. 你们班级有没有分类回收垃圾？							
2. 你对班级垃圾分类有什么好的想法？							
3. 你们怎么处理有害垃圾？							

（4）指导学生汇报交流，优化方案。

学生亲身经历从制订方案到优化方案的全过程，提高了策划能力。

三、活动实施

（1）开展活动。学生通过调查、采访身边的典型班级、家庭或个人，学习实施垃圾分类的好想法和好做法，如图24、图25所示。

图24　　　　　　　图25

（2）制订方案。小组合作制订《班级垃圾分类实施方案》，让学生成为规则的制订者，促使学生在班里自觉进行垃圾分类。

（3）实现分类。学生开展改造班级垃圾桶→进行垃圾分类→拍照对比→追踪记录活动，用行动践行垃圾分类。

（4）设计展示。鼓励学生把本次活动的照片、视频、文字材料等设计为成果展示，提高学生创意物化能力，如图26所示。

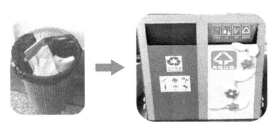

图26

四、成果展示

（一）创设比赛，激发兴趣

比一比，看哪个小组的展示最有创意，最有亮点！

（二）分享探究，交流体验

学生用多种形式展示成果，选出最切实可行的《班级垃圾分类实施方案》。

（三）总结反思，评价提升

1.班级实施垃圾分类后，我完成了

（1）"班级垃圾分类的好处"的资料搜集工作。

（2）"垃圾分类好做法"采访工作。

2.我发现

（1）班级进行垃圾分类后垃圾明显减少了。

（2）回收的废纸还可以变卖。

通过写一写、评一评，让学生小结收获，畅谈体会，使学生达到自我完善、自我提升的效果，见表15。

表15

活动环节	评价内容	评价：根据程度涂星		
		自评	组评	师评
写一写	能对搜集到的资料进行筛选，收集所需资料	☆☆☆	☆☆☆	☆☆☆
小调查	能主动地参加采访活动并做好记录	☆☆☆	☆☆☆	☆☆☆
做一做	能把班级实施垃圾分类前、后情况进行对比	☆☆☆	☆☆☆	☆☆☆

活动环节	评价内容	评价：根据程度涂星		
		自评	组评	师评
晒一晒	能交流分享垃圾分类前、后班级环境的变化	☆ ☆ ☆	☆ ☆ ☆	☆ ☆ ☆
收获与体会：				

（四）扩展延伸，布置作业

通过活动，学生了解了垃圾的危害，懂得了垃圾分类的好处，实现了垃圾分类。作业：带动身边的人一起参与垃圾分类。

活动三：垃圾分类，从我做起

（一）内容

粤高教版小学《综合实践活动》三年级下册第67～72页。

（二）重难点

重点：学生能参照范例设计垃圾分类宣传单，做好垃圾分类的宣传活动方案并顺利开展宣传活动。

难点：让学生制订切实可行的垃圾分类宣传活动方案。

（三）准备

教师：准备好垃圾分类宣传活动方案和垃圾分类宣传单的相关资料；提前了解周边环境，确定好开展宣传活动的地点。

学生：了解周边垃圾的分类情况，思考垃圾分类宣传活动的可行性建议。

（四）指导要点

（1）指导学生参照范例，结合实际情况制订切实可行的垃圾分类宣传活动方案。

（2）指导学生设计垃圾分类宣传单，想出发挥宣传单作用的好点子，然后有目的、有计划地进行宣传。

（3）指导学生依托家长或周边资源做好垃圾分类宣传活动的准备工作，并按计划开展宣传活动。

（4）指导学生对垃圾分类宣传活动的开展情况进行及时的反思和小结，积累活动经验。

（5）鼓励学生分小组跟进个人践行垃圾分类的情况，感受垃圾分类的好处，从而使学生形成垃圾分类意识。

（五）课例

第一课　垃圾分类宣传活动方案

一、主题生成

出示上个活动的成果照片，复习引入，再次深化学生对垃圾分类的意义的了解，引导学生思考：怎样带动身边的人，让他们一起投入到垃圾分类中去？引出本次活动的主题：制订《垃圾分类宣传活动方案》。

二、方案制订

（1）组织学生围绕主题，展开讨论，让学生有目的、有计划地制订垃圾分类宣传活动方案，如图27、图28所示。

图27　　　　　　　　　　　图28

（2）引导学生成立小组，明确分工，见表16。

表16

主题名称			
组名		组长	
成员及分工			

三、活动实施

（1）学一学。出示他人设计的宣传活动方案，让学生学习，使学生获得创作灵感。

（2）做一做。组织学生小组合作，头脑风暴，制订《垃圾分类宣传活动方案》，见表17。

表17

时间	
地点	
物资准备	
工作人员及分工	
活动流程	

（3）晒一晒。鼓励学生把宣传活动方案和设计意图整理为成果展示，培养学生逻辑思维和团队合作能力。

四、成果展示

（一）创设比赛，激发兴趣

比一比，看哪个小组的活动方案最切合实际，最有创意！

（二）分享探究，交流体验

学生用多种形式展示成果，通过展示、观看、点评等活动提高了自身的策划能力、表达能力，如图29至图31所示。

图29　　　　　　　图30　　　　　　　图31

（三）总结反思，评价提升

通过写一写、评一评，让学生小结收获，畅谈体会，使其达到自我完善、自我提升的效果，见表18。

表18

评价内容	自评	组评	师评
交流讨论	☆☆☆	☆☆☆	☆☆☆
创意贡献	☆☆☆	☆☆☆	☆☆☆

评价内容	自评	组评	师评
团队协作	☆☆☆	☆☆☆	☆☆☆
展示汇报	☆☆☆	☆☆☆	☆☆☆
收获与体会:			

（四）扩展延伸，布置作业

怎样宣传才能让更多的人参与垃圾分类?

第二课　垃圾分类宣传单

一、主题生成

出示上节课的活动照片，复习导入，引出课题:要想宣传垃圾分类，必须先设计好《垃圾分类宣传单》。

二、方案制订

（1）组织学生围绕主题，展开讨论，让学生有目的、有计划地设计垃圾分类宣传单。

（2）引导学生成立小组，明确分工，见表19。

表19

主题名称			
组名		组长	
成员及分工			

（3）让学生畅所欲言，制订方案，见表20。

表20

主题名称			
组名		组长	
口号			
活动时间		活动地点	
活动目的			
活动准备			
活动流程			
成员及分工			

三、活动实施阶段

（1）学一学。出示方法导航，让学生学习如何设计宣传单。通过参考学长学姐们设计的宣传单使学生获得设计灵感。

（2）做一做。指导学生根据方案，分工合作，设计垃圾分类宣传单。

（3）晒一晒。鼓励学生小组合作，把宣传单和设计意图设计为成果展示，培养学生逻辑思维和团队合作能力，如图32、图33所示。

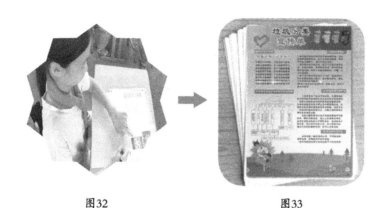

图32　　　　　　　　　　　图33

四、成果展示

（一）创设比赛，激发兴趣

比一比，看哪个小组设计的宣传单最有创意，最有亮点！

（二）分享探究，交流体验

学生通过展示、观看、点评等活动选出既切合主题又有创意的宣传单，提升学生表达和创新能力。

（三）总结反思，评价提升

通过写一写、评一评，让学生小结收获，畅谈体会，使其达到自我完善、自我提升的效果，见表21。

表21

评价内容	自评	组评	师评
交流讨论	☆☆☆	☆☆☆	☆☆☆
创意贡献	☆☆☆	☆☆☆	☆☆☆
团队协作	☆☆☆	☆☆☆	☆☆☆
展示汇报	☆☆☆	☆☆☆	☆☆☆
收获与体会：			

（四）扩展延伸，布置作业

作业：开展垃圾分类宣传活动时可能会遇到哪些问题，该怎样解决？

第三课　垃圾分类，你我同行

一、主题生成

出示宣传单，复习导入，鼓励学生走出教室开展"垃圾分类，你我同行"的宣传活动。

二、方案制订

（1）组织学生围绕主题，展开讨论，让学生有目的、有计划地制订垃圾分类宣传活动行动计划。

（2）引导学生成立小组，明确分工，见表22。

表22

主题名称			
组名		组长	
成员及分工			

（3）鼓励学生畅所欲言，制订方案，见表23。

表23

垃圾分类宣传活动计划			
活动时间		活动地点	
活动目的			
活动准备			
活动内容			
参与人员及分工			

（4）指导学生汇报交流，优化方案。

学生亲身经历从制订方案到优化方案的全过程，提高了策划能力。

三、活动实施阶段

（1）开展活动。学生按照计划到学校、家庭、社会开展宣传活动。

（2）做好记录。学生整理活动资料，完善活动记录表，见表24。

表24

活动时间		活动地点		活动对象	
任务	人员分配			社会居民的评价	
策划					
联络					
拍照					
记录					
统计					
派发宣传单					
其他					

（3）分享感受。指导学生对垃圾分类宣传活动的开展情况进行及时小结、反思，积累活动经验。

（4）设计展示。鼓励学生按照"认识垃圾的危害—如何进行垃圾分类—垃圾分类小妙招—垃圾分类好榜样—垃圾分类我参与"这一思路设计宣传片，见图34至图38。

图34　　　　　　　　　图35　　　　　　　　　图36

图37　　　　　　　　　图38

四、成果展示阶段

（一）创设比赛，激发兴趣

比一比，看哪个小组的宣传片最有创意，最有亮点！

（二）分享探究，交流体验

学生上台讲解宣传片→师生共同把最有意义的活动过程制作成微视频发到班级群、朋友圈，帮助学生获得成就感，让更多的人加入垃圾分类的队伍中。

（三）总结反思，评价提升

1.我派出了宣传单，我完成了

（1）垃圾分类宣传单的设计。

（2）社区派出垃圾分类宣传单的任务。

2.我发现

（1）举止大方有礼就可以成功派单。

（2）行色匆匆的社区居民一般不接受宣传单。

通过写一写、评一评，让学生小结收获，畅谈体会，从而使其达到自我完善、自我提升的效果，见表25。

表25

活动环节	评价内容	评价：根据程度涂星		
		自评	组评	师评
说一说	能完整地制订自己小组的宣传方案	☆☆☆	☆☆☆	☆☆☆
晒一晒	能根据活动的主题设计宣传单	☆☆☆	☆☆☆	☆☆☆
做一做	能够根据小组宣传方案开展宣传活动	☆☆☆	☆☆☆	☆☆☆
收获与体会：				

（四）扩展延伸，布置作业

通过策划和开展垃圾分类宣传活动，提高了学生团队合作精神和保护环境的意识。作业：坚持做好垃圾分类，并完成72页的主题活动拓展，阅读推荐书目。

【活动反思】

学生反思在活动发传单遇到了哪些困难，有什么收获。

初中实践活动案例

菜园土壤改良活动

广东梅县外国语学校　杨媚

【活动理念】

为解决阳光菜园子土壤肥力不足、容易板结的问题，初二级阳光菜园子兴趣小组的同学提出来要开展菜园土壤改良活动。此次活动让学生体验发现问题到找到解决问题的方法的过程。

【活动背景】

为落实《中共中央、国务院关于全面加强新时代大中小学劳动教育的意见》，2020年3月，我校初中部为同学们开辟了菜地，初一级开展了阳光菜园子1.0劳动实践活动。

经过一学期的实践活动，同学们经历了锄地—播种—浇水—施肥—除草—收获的过程，初步体会到了劳动的价值和快乐。2020年9月，新的学期到来了，我们的阳光菜园子2.0实践活动开始啦！但是，同学们在启动阳光菜园子2.0实践活动的时候发现，阳光菜园子1.0实践活动土壤肥力不足、容易板结，如图1至图3所示，我们的阳光菜园子2.0实践活动必须要改变现状。因此，兴趣小组的同学提出来要开展A校菜园土壤改良活动。

图1   图2   图3

【活动目标】

1. 价值体认：通过劳动实践，获得劳动成果，培养学生正确劳动价值观和良好劳动品质；树立学生绿色生态、有机种植的环保意识。

2. 责任担当：学生认真参与到A校菜园土壤改良活动中，形成辛勤、诚实、合法劳动及进行创造性劳动的劳动品质。

3. 问题解决：学生能通过多种调查方法收集关于菜园土壤改良的资料，综合运用所学知识分析问题、制订方案并动手制作。

4. 创意物化：小组合作完成关于A校菜园土壤改良的调研报告；根据不同的堆肥方式DIY有机肥堆肥箱，自主生产有机肥，改良菜园土壤，收获更丰富的劳动成果。

【活动重难点】

重点是让学生找到解决土壤肥力不足的方法，难点是让学生查找影响土壤肥力的因素。

【活动对象】

初二级阳光菜园子兴趣小组，从2020年3月小组成员开始参加校园种植活动，积累了初步的种植经验，体验到了劳动收获的快乐，对蔬果种植有着浓厚的兴趣。但是其综合运用学科知识与技能来分析、解决活动中遇到问题的能力有待提高。

【活动准备】

固定的场所：学校菜地、有网络支持的活动教室。

学校的支持：由于阳光菜园子是由学校的绿化地改造的，土壤比较贫瘠，土壤的改良所需的时间较长，在学校的支持下，学校饭堂所在公司的现代农场基地赞助了我们的菜园8包有机基质土，作为土壤改良的一部分，为同学们深耕土壤、打好底肥提供了物资支持，为菜园土壤改良活动的开展提供了有力的支持。

【活动方法】

用蚯蚓制作蚯蚓堆肥塔、蚯蚓堆肥箱。

【活动时间】

2020年2月至6月，共11课时。

【活动内容】

"菜园土壤改良活动"内容见表1。

表1

阶段	活动主题	课时安排	活动内容
准备阶段	如何改良菜园土壤调研活动	2课时	发现问题：阳光菜园子1.0土壤肥力不足、容易板结。 确定课题：如何改良菜园土壤? 分工调研：教师指导学生如何开展课题调查研究，形成调研报告，设计菜园土壤改良方案。 调研成果展示、交流。 确定菜园土壤改良方案
实施阶段	深耕土壤、打好底肥	1课时	掌握锄地、整地劳动技能
	校园落叶堆肥	2课时	了解校园落叶堆肥的原理和方法。 结合学校情况设计校园落叶堆肥方案。 DIY校园落叶堆肥箱
	DIY有机肥大作战——蚯蚓堆肥塔、蚯蚓堆肥箱、酵素有机肥	5课时	自主选择，组建项目组。 项目方案制定。 实地考察、收集资料。 设计方案汇报。 DIY有机肥。 DIY有机肥成果展示
总结阶段	阳光菜园子2.0丰收成果分享会	1课时	菜园土壤改良活动成果总结与反思。 庆祝阳光菜园子2.0丰收成果分享会

【活动过程】

（一）准备阶段

如何改良菜园土壤调研活动

一、活动目标

（1）价值体认：通过调研活动引导学生初步了解菜园土壤改良的方法，树立学生绿色生态、有机种植的环保意识。

（2）责任担当：在小组合作、实地考察、访谈过程中，培养学生与人交往、沟通、合作的能力。

（3）问题解决：通过多种途径搜集关于菜园土壤改良方法的信息，让学生学会整理、分析信息，提出菜园土壤改良方案。

（4）创意物化：学生运用信息技术制作汇报PPT进行调研成果展示。

二、活动过程

（一）调查研究

1. 创设情境，确定主题

创设情境：新的学期开始，我们的阳光菜园子2.0实践活动启动啦！为了更好地开展阳光菜园子2.0劳动实践活动，同学们有哪些建议和想法呢？

通过同学们对阳光菜园子2.0实践活动的期待和规划，培养学生发现问题的意识，激发学生的探究兴趣。教师总结，提炼主题：如何改良菜园土壤？

2. 问题驱动，方法指导

问题驱动：同学们了解过哪些改良土壤的方法呢？同学们不太了解没有关系，我们一起来调研菜园土壤改良的方法。

方法指导：指导学生通过上网查阅资料（如图4所示）、现代农场实地考察（如图5所示）、访谈生物老手（如图6所示）等方法收集关于菜园土壤改良方法的资料和信息。同时对学生如何展开访谈、实地考察、安全注意事项进行指导，观察菜农鸡粪发酵（如图7所示）、菜农尿液发酵（如图8所示），对菜农进行访谈（如图9所示）。

| 图4 | 图5 | 图6 |

图7   图8   图9

3. 小组分工，制订方案

指导学生根据组员的时间、兴趣、特长等进行分工讨论，制订调研方案。

4. 方案展示，交流完善

学生分小组展示调研方案，互相交流、学习，完善调研方案。

（二）研讨方案

1. 汇报展示

学生汇报劳动知识与技能，从调研方法、调研过程、问题分析、问题解决等方面进行展示。教师板书总结各小组的方法。

2. 问题驱动，交流研讨

问题驱动：我们的菜园土壤改良方案要考虑哪些因素？

教师总结：校园环境、生态环保、材料成本、可操作性。

小组讨论：你认为哪些方法适合A校菜园土壤改良，哪些不适合，为什么？

3. 教师总结，确定方案

教师对各小组的汇报展示进行点评以及对同学们提出的解决方案进行指导。

三、活动评价

根据调研活动小组评价表，从调研方法、问题分析、问题解决、汇报展示、团队合作等维度进行评价，评选出最佳调研组。调研活动小组评价表见表2。

表2

评价类型	评价项目	一组	二组	三组	四组
成果展示（80分）	调研方法（10分）				
	问题分析（20分）				
	问题解决（20分）				
	课件制作（10分）				
	汇报展示（20分）				

续 表

评价类型	评价项目	一组	二组	三组	四组
团队评价（20分）	分工合理，参与度高（20分）				
	总分				

（二）实施阶段

第一课 深耕土壤，打好底肥

一、活动目标

（1）价值体认：学生通过亲身体验锄地、整地劳动，从而体会到农民劳作的不易，培养学生珍惜劳动成果、爱惜粮食的劳动品质。

（2）责任担当：学生积极参与锄地、整地劳动，增强学生爱惜粮食、践行光盘行动的社会责任感。

（3）问题解决：学生通过观摩学习、动手操作掌握锄地、整地劳动技能。

（4）创意物化：学生深耕阳光菜园子菜地的土壤，清除杂草，为阳光菜园子2.0改良土壤打好基础。

二、活动准备

工具：长锄、小锄、手套、扫把、地斗。

材料：有机基质土。

三、活动过程

（一）整队集合，明确任务

小组合作完成：每组在35分钟内整出两块长2m、宽1.2m、深大于25cm、沟40cm的菜地。整地步骤：除草、翻土、混合有机基质土、平整土地、整理劳动工具、清扫菜地周围。

（二）教师示范，安全指导

1.教师示范锄地的动作要领

整地前的菜地如图10所示。教师示范，安全指导，如图11所示。学生尝试，师生交流，如图12所示。

（1）两手握住锄柄，左手在后，右手在前，这样既能保持平衡，又可以省力。

（2）略微弯腰并举起锄头，锄头前送准，借力向后拉。

图10   图11   图12

2. 安全提醒

（1）注意保持安全距离，拿锄头的同学举起的时候不要太高，要时刻注意前方是否有同学，防止误伤他人。

（2）休息的时候锄头要靠墙立好，防止绊倒同学。

（3）劳动过程中禁止嬉戏、用锄头玩闹。

（三）小组分工，深耕土壤

小组进行分工锄地，如图13至图15所示，教师巡视指导，发现问题，及时纠正。

图13   图14   图15

（四）互评总结，体会分享

完成"深耕土壤，打好底肥"任务后，小组间、教师根据表3深耕土壤，打好底肥活动小组互评表对每组的劳动过程和成果进行评价，选出"最佳劳动小组"进行表彰，如图16所示。分小组进行活动总结，分享体会，每组投票评选一位在本次活动中表现优秀的"劳动之星"，如图17所示。"劳动之星"的小手已经被磨破了，如图18所示。

表3

评价项目	评价内容	1	2	3	4
锄地动作 （20分）	锄地姿势规范、准确。锄头入地的角度适当，锄头举起的高度合理，动作连贯				

评价项目	评价内容	1	2	3	4
整地效果 （40分）	菜地规格符合要求，长、宽、深度合适，锄后土块颗粒的大小均匀、地面平整，能有效清理杂草、石块及杂物等				
团队协作 （20分）	组内分工合理，组员积极、主动参与劳动，按规定时间完成锄地任务				
锄地安全 （10分）	保持安全距离，动作没有危险性，不玩耍锄头，休息时锄头摆放合乎安全要求				
劳动习惯 （10分）	有良好的劳动习惯，菜地工具使用后清理干净，固定摆放，菜地周围保持干净				

图16　　　　　　　　　　图17　　　　　　　　　　图18

第二课　校园落叶堆肥

一、活动目标

（1）价值体认：通过参与校园落叶堆肥活动，让学生体验落叶、厨余变废为宝的过程，树立学生生态环保、循环再生的环保意识。

（2）责任担当：通过讨论交流、分工合作，让学生承担自己的团队责任，用实际行动减少垃圾，实现落叶、厨余等可降解垃圾的回收利用。

（3）问题解决：学生通过查阅资料了解校园落叶堆肥的原理及基本的堆肥操作过程，设计环保、实用的校园落叶堆肥箱；通过实地考察选择合适的校园堆肥地点。

（4）创意物化：通过小组合作，学生自主设计和制作校园落叶堆肥箱。

二、活动准备

工具：手套。

材料：落叶、干草、果皮、菜叶等厨余、EM菌、铁丝网（长2m、宽1m）、细铁线。

三、活动流程

（一）提出问题，深入了解

用校园的落叶和饭堂的厨余堆肥，是不是把所有东西扔进堆肥箱就可以了呢？这里面有没有讲究呢？让学生提出问题，带着问题师生一起了解落叶、厨余堆肥的相关知识。

（1）利用落叶、厨余堆肥的原理（好氧发酵）。

（2）堆肥材料的选择。

（3）好氧发酵的堆肥步骤。

（二）自主设计校园落叶堆肥箱

如何设计一款环保且经济实用的校园落叶堆肥箱呢？设计如图19至图21所示。

教师展示市场上售卖的落叶堆肥箱的图片，引导学生总结落叶堆肥箱的基本结构，学生分小组讨论，自主设计一款环保、经济实用的校园落叶堆肥箱。组间进行分享、交流、改进，选出一款操作性强、环保、经济实用的校园落叶堆肥箱。

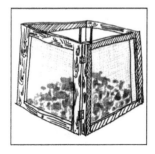

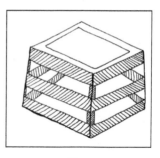

图19　　　　　　　　图20　　　　　　　　图21

（三）实地考察，堆肥选址

我们的校园落叶堆肥箱要放在哪里呢？要考虑哪些因素呢？请同学们分小组在校园内进行实地考察，选出一处你们小组认为最佳的校园落叶堆肥箱安置地点并说明理由。

（四）动手制作，期待成果

同学们动手制作校园落叶堆肥箱，如图22所示；将其中一个校园落叶堆肥箱放在垃圾池旁收集同学们扫的落叶，如图23所示；从饭堂搬来厨余垃圾进行分类整理，如图24所示；收集齐原材料后进行堆肥，按照"三明治堆肥"，一层棕色（树叶）、一层绿色（厨余、干草）、一层EM菌堆放，如图

25至图27所示，期待校园落叶堆肥成果。

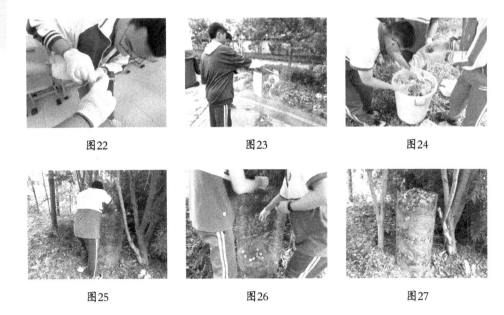

图22 　　　　　　　　图23 　　　　　　　　图24

图25 　　　　　　　　图26 　　　　　　　　图27

（五）观察记录，总结反思

　　每周进行两次观察并记录校园落叶堆肥箱的温度及变化，本次校园落叶堆肥箱的堆肥没有达到升温的要求，但是经过两个月时间的发酵，里面的厨余、干草、落叶也能腐化成功。校园落叶堆肥箱的变化如图28至图30所示。

图28 　　　　　　　　图29 　　　　　　　　图30

　　经过同学们的总结，升温失败的原因可能是厨余的比例偏低，干草、落叶的比例较大，导致堆肥内部湿度不够。

四、活动评价

校园落叶堆肥箱活动评价表见表4。

表4

组别：_____	姓名：_____		自我总结与反思
评价维度	自我评价	组员评价	
资料收集	☆ ☆ ☆ ☆ ☆	☆ ☆ ☆ ☆ ☆	
问题分析	☆ ☆ ☆ ☆ ☆	☆ ☆ ☆ ☆ ☆	
合作精神	☆ ☆ ☆ ☆ ☆	☆ ☆ ☆ ☆ ☆	教师评价
劳动技能	☆ ☆ ☆ ☆ ☆	☆ ☆ ☆ ☆ ☆	
创新精神	☆ ☆ ☆ ☆ ☆	☆ ☆ ☆ ☆ ☆	
责任担当	☆ ☆ ☆ ☆ ☆	☆ ☆ ☆ ☆ ☆	

第三课　DIY有机肥大作战——蚯蚓堆肥塔、蚯蚓堆肥箱、酵素有机肥

一、活动目标

（1）价值体认：通过介绍DIY有机肥设计方案和小组合作DIY堆肥箱，让学生树立变废为宝、绿色种植的环保意识，体验在劳动中自主解决问题的成就感。

（2）责任担当：学生积极在小组合作学习中交流自己独特的想法，培养学生改良菜园土壤的使命感和责任感。

（3）问题解决：在教师的指导下，学生学会对问题进行整理归纳和有效筛选，确定小组项目的研究方向；通过上网查阅资料的方式收集资料和信息，了解自己感兴趣的DIY堆肥方式并提出设计方案。

（4）创意物化：学生选择生活中的物品适当改造，设计、制作环保、实用的DIY有机肥"堆肥箱"；学会运用信息技术如课件制作、视频制作等进行汇报展示。

二、活动准备

（一）蚯蚓堆肥箱

工具：剪刀、水果刀、电钻。

材料：蚯蚓、泡沫箱（每组2~3个）、报纸、纱布、透明胶带、马克笔、蚯蚓食物（报纸、果皮、素厨余）、小砧板、储物箱（同等尺寸带盖、不带盖各一个）。

（二）蚯蚓堆肥塔

工具：电钻、水果刀。

材料：蚯蚓、蚯蚓食物（报纸、果皮、素厨余）、废旧直径大于10cm、长80～100cm水管、报纸、小砧板、彩色马克笔、塔盖（花盆托盘、泡沫板等，不透明、防水即可）。

（三）酵素有机肥

工具：水果刀。

材料：空食用油瓶/大矿泉水瓶、果皮、酵母菌、红糖、EM菌、量勺。

三、活动过程

（一）自主选择，建立项目组

学生根据自己的兴趣，从蚯蚓堆肥塔、蚯蚓堆肥箱、酵素有机肥项目中选择一个，自主组建4～6人项目组，学生自主组建成立的项目组见表5。

表5

组名	项目
神奇蚯蚓	蚯蚓堆肥塔
钻地沃土	蚯蚓堆肥塔
分解者	蚯蚓堆肥箱
蚯蚓君	蚯蚓堆肥箱
消灭果皮	酵素有机肥

（二）问题框架，明确思路

以校园落叶堆肥箱的探究、设计、制作过程为例，引导学生用思维导图构建问题框架，明确设计思路，在小组间进行分享、交流，完善设计思路。

（三）设计展示，完善方案

各项目组根据项目设计方案表中的问题框架进行自主查阅资料，根据不同的堆肥原理和方法，设计一款环保、经济实用的"DIY有机肥堆肥箱"。

分项目组进行汇报展示，组间进行交流，完善方案。教师针对各组的方案（如图31至图33所示），对工具的安全使用进行指导。

图31　　　　　　　　　　图32　　　　　　　　　　图33

（四）动手制作，成果交流

（1）各项目组根据改进的设计方案，准备材料、动手制作、观察记录、汇报展示，如图34至图39所示。

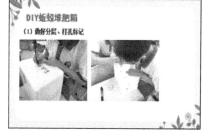

图34　　　　　　　　　　　　　　　图35

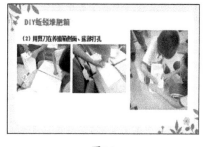

图36　　　　　　　　　　　　　　　图37

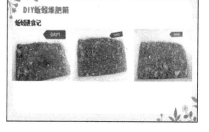

图38　　　　　　　　　　　　　　　图39

（2）蚯蚓君小组：蚯蚓堆肥箱制作成果展示如图40至图47所示。

图40

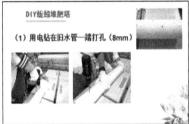

图41

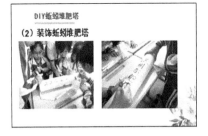

图42

图43

图44

图45

图46

图47

（3）钻土沃肥组与神奇蚯蚓组：蚯蚓堆肥塔制作成果展示，如图48至图52所示。

图48

图49

图50

图51

图52

（4）分解者组：蚯蚓堆肥箱制作成果展示，如图53至图58所示。

图53

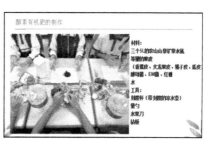

图54

图55

图56

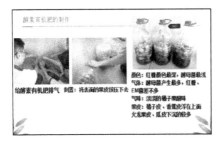

图57

图58

（5）消灭果皮组：酵素有机肥制作成果展示、DIY有机肥制作汇报如图59、图60所示。

图59

图60

四、活动评价

DIY有机肥大作战活动评价表见表6。

表6

组别：＿＿＿＿＿	姓名：＿＿＿＿＿		自我总结与反思
评价维度	自我评价	组员评价	
资料收集	☆ ☆ ☆ ☆ ☆	☆ ☆ ☆ ☆ ☆	
问题分析	☆ ☆ ☆ ☆ ☆	☆ ☆ ☆ ☆ ☆	

合作精神	☆☆☆☆☆	☆☆☆☆☆	教师评价
劳动技能	☆☆☆☆☆	☆☆☆☆☆	
创新精神	☆☆☆☆☆	☆☆☆☆☆	
责任担当	☆☆☆☆☆	☆☆☆☆☆	

（三）总结阶段

阳光菜园子2.0丰收成果分享会

一、活动目标

通过总结菜园土壤改良活动，对同学们在改良菜园土壤活动中的表现和取得的成果给予肯定和表扬。

举行阳光菜园子2.0丰收成果分享会，让学生体会到自己辛勤劳动后收获成果的快乐，激发学生热爱劳动、享受劳动、善于劳动的热情。

二、活动准备

工具：电磁炉、电磁炉锅具、汤勺、洗菜盆、沥水菜篮、砧板、水果刀。

材料：肉丸、盐、酱油、一次性碗筷。

三、活动过程

（一）菜园土壤改良活动总结

通过菜园土壤改良活动，同学们用酵素有机肥、蚯蚓堆肥、校园落叶堆肥制作了有机肥（如图61至图63所示），细心呵护菜园，定期松土、施肥（如图64至图66所示），阳光菜园子2.0的蔬菜在同学们的辛勤管理下茁壮成长（如图67至图69所示），成果喜人。

图61

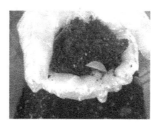
图62

图63

图64 图65 图66

图67 图68 图69

（二）阳光菜园子2.0丰收庆祝分享会

2020年12月31日下午，我校初中部劳动教育基地——"乐得鲜农场阳光菜园子"正式挂牌成立，如图70、图71所示。菜园土壤改良活动兴趣小组的同学一同参与了揭牌仪式。此举，标志着我校初中部劳动教育课程正逐步向规模化和制度化迈进。

图70 图71

为庆祝阳光菜园子正式挂牌成立，我们举行了阳光菜园子2.0丰收庆祝分享会，如图72至图74所示。同学们亲手采摘、烹饪蔬菜。看，同学们吃上自己种的蔬菜多开心！

图72   图73   图74

【活动反思】

（一）促进了同学们综合素质的提升

以同学们在"阳光菜园子1.0"劳动实践过程中发现的问题为切入点，引发学生的思考和研究，让同学们完成了通过多种途径搜集资料、制作PPT展示汇报、设计、动手制作DIY有机肥等活动任务，在活动过程中提高了学生思考解决问题的能力。

课程跨多个学科，包括研究性学习、校园种植等方面的内容，培养了学生持续参加劳动的积极性，使学生在劳动中能不断追求品质、精益求精。

（二）培养了同学们热爱劳动、珍惜劳动成果的良好品质

在菜园土壤改良活动中，同学们用自己的辛勤劳动让我们菜园的土壤肥力越来越好，蔬菜在肥沃的土壤中茁壮成长，我们的阳光菜园子2.0实践活动喜获丰收。同学们在这个过程中体会到了种植的快乐。受校园种植体验的感染，很多同学假期时在自己的家里和家人一起种了菜和花卉（如图75、图76所示），还自制了酵素有机肥（如图77、图78所示），让假期不再无聊，又多了一项有趣的活动。

图75   图76

图77   图78

通过这次的劳动实践活动，进一步增强了学生的公共服务意识和社会责任感，兴趣小组成员还在初中部开展了"珍惜粮食，光盘行动"的倡议活动（如图79至图81所示），得到了全体同学的大力支持。

图79   图80   图81

（三）积极寻求社会和家校资源的帮助

因劳动工具不足，此次活动还有不完善的地方，如在深耕土壤、打好底肥活动中，学校购买的劳动工具数量有限，导致小部分学生不能全程深入体验锄地、整地的全过程，工具不足也造成了活动时间的延长。因此，学校拟购买一批劳动工具，以保障劳动实践的开展。

感受客都千年客韵，传承端午民俗文化

梅州市学艺中学   李雨霖

【活动理念】

"感受客都千年客韵，传承端午民俗文化"主题综合实践活动，以"坚持教育与劳动技能、社会实践相结合"为理论依据，打通学生学习与生活的有机联系。以培养学生综合素养为导向，引导学生从生活情境中发现问题，综合运用各学科知识了解客家端午习俗文化，主动参与并亲身经历实地考察、研学访谈活动，通过做客家碱水粽、酿苦瓜、做香囊等一系列活动，让学生掌握多样劳动技能。为继承和弘扬客都端午习俗文化，开展"我是客博讲解员"的志愿者活动，使学生获得丰富的实践经验，提高分析问题的思维，培养学生多途径解决问题的能力，发展多元智能，提升学生创新精神和实践能力，并在活动过程中厚植家乡情怀，引导学生更加了解客家传统民俗节日，关心本土节日文化的传承，增强学生继承和弘扬客家节日民俗文化的责任感和使命感。

【活动背景】

1. 节庆习俗现状：随着现代化的不断深入以及世界文化碰撞的加剧，传统的民俗文化正日渐式微，很多青少年盲目热衷于庆祝西方节日，对自己的民俗节日却表现冷淡，更不要说了解我们自己的节日习俗了。民俗文化是民众民俗生活文化的统称，是中华传统文化不可或缺的重要组成部分。梅州地处粤东山区，历史上中原汉文化与地方文化长期融合，逐渐形成博大精深的客家文化，其蕴含着绚烂多彩的客家民俗文化。客家的民俗节日，保留着中原古代的传统，但又具有客家的特点和地方的特色，是客家传统文化中非常重要的一部分。从客家节日中能体现出客家人的思维方式、行为方式以及心理、性格等。客家传统民俗节日文化正面临挑战，甚至有些节日已经变成了历史。因此，保护和传承客家传统民俗节日文化遗产迫在眉睫。立足现实，抓住教育契机，师生共同选择了历史悠久、蕴含深邃丰厚文化内涵的端午节作为实践活动的主题，为保护、继承和弘扬端午民俗文化贡献一分力量。

2. 学校资源：我们学校设有劳动基地、青少年法制教育实践基地，一贯重视实践课程。每逢传统佳节，我校都会举行丰富多彩的有关民俗节日的主题教育活动，着力发展学生核心素养，重视培养学生的实践能力、创新能力以及社会责任感。

此次主题综合实践活动得到各科组老师的协助，开展丰富有趣的教学活动，以满足学生自身发展需求。

【活动目标】

1. 价值体认：通过参与"感受客都千年客韵，传承端午民俗文化"综合实践活动，亲自到实地考察、参观访谈、参与劳动、撰写调研报告，加深学生对家乡端午习俗的认识，深化学生对家乡节日习俗文化的认同感。

2. 责任担当：让学生关心本土节庆习俗的传承，理解传承优秀民俗文化的重要性，增强继承和弘扬本土民俗文化的使命感和责任感，并且在志愿者活动中，增强学生社会责任意识，使学生形成主动服务社会的情怀，提高社会服务能力。

3. 问题解决：通过实施本活动，提高分析、解决问题的能力，学生能将问题转化为研究项目，体验活动研究的过程和方法，勇于表达自己的想法。通过一系列的活动层层开展，学生能够解决最初提出的问题，思考后形成新的想法并提出新的问题。

4. 创意物化：使学生正视在实践过程中产生的困惑及由此产生的奇思妙想，并能用具体的产品或数字产品呈现出来。

【活动重难点】

重点是让学生了解客家端午民俗文化，难点是如何传承客家民俗活动。

【活动对象】

本活动适合所有学生进行学习探究，这次活动重点面对的是七年级学生，参与活动的是我校七年级学生。据调查，大部分学生在小学期间开展过"我的中国年"、走进博物馆、纪念馆、名人故居、农业基地等活动，因而具备一定的综合实践能力，如能够进行信息收集与整理、观察记录、采访调查、设计制作等，并且同学们对端午习俗文化有一定的认识和研究的兴趣。

七年级的学生认知能力不断发展，自我意识发生质的飞跃，独立意识增强，能够从生活和学习中挖掘自己感兴趣的活动主题，有较强的团队协作意识，能和同学展开小组合作性、研究性学习。在活动中，学生独特的审美和丰富的想象力得到提高并逐渐符合客观现实。

【活动准备】

1.为学生提供活动所需的物质材料、电子设备、活动场所等。

2. 联系中国客家博物馆。

【活动方法】

（一）组织形式

小组活动、班级活动、校级活动相结合。

（二）实践形式

1. 考察探究：实地考察、参观访谈、问卷调查等。

2. 研学之旅：中国客家博物馆。

3. 社会服务："一叶一粽总关情"公益活动、"相约客博，我来解说"志愿等活动。

4. 设计制作：制作香囊、粽子、酿苦瓜、设计端午节宣传手抄报、录制端午节宣传片等。

5. 职业体验：担任客博小小解说员。

【活动时间】

2022年2月至6月。

【活动内容】

"感受客都千年客韵，传承端午民俗文化"活动内容见表1。

表1

阶段	活动主题	活动内容及目标	课时安排	指导课内容	成果形式
启动阶段	中国传统节日习俗知多少	1. 观看B站视频"中国传统节日习俗的由来，你都了解吗"，以学生的讨论为切入点，引发学生对视频现象的思考，引导学生发表自己的看法意见。 2. 由师生探讨引出活动主题——"感受客都千年客韵，传承端午民俗文化"。 3. 任务驱动：探究客家端午习俗文化。 4. 在辩论中进行头脑风暴，激活学生思维，激发学生兴趣。	1课时	确定主题课	资料收集单

阶段	活动主题	活动内容及目标	课时安排	指导课内容	成果形式
启动阶段	中国传统节日习俗知多少	5.学生根据生活经验及网上收集的资料,初步了解客家端午习俗文化。			
实施阶段	书香端午诵读经典	1.在语文老师的带领下,学生们吟着端午节的诗词,寻找诗词中的端午习俗,尝试创作端午主题的诗词。 2.学生对比古今端午习俗,将疑问写下来。 3.形成研究小课题: (1)客从何处来(客家大迁徙)。 (2)端午起源研究。 (3)梅州客家端午饮食习俗探究。 (4)端午香囊起源、制作。 (5)如何继承和弘扬端午习俗文化。 4.学会收集资料,制订资料收集活动方案并整理信息。 5.围绕研究小课题,网络收集有关资料,撰写研究方案。 6.优化研究方案。	4课时	语文课:诵读端午经典诗词,了解端午民俗文化	学习单;原创诗词
				开题指导课	研究方案
				方法指导课:资料收集与整理	资料收集活动方案
				方法指导课:学习完善和优化方案	研究方案
	多彩端午口述民俗	1.探究端午起源。 2.了解梅州客家端午习俗。 3.调查青少年对端午习俗的了解程度。	1个星期	方法指导课:学会采访	访谈记录表
				方法指导课:学习问卷的设计	青少年对端午习俗了解程度的问卷调查
	品味端午粽香情浓	1.探究客家端午饮食习俗文化。 2.探究粽子进化史。 3.制作客家碱水粽、酿苦瓜。	1个星期	方法指导课:学习实地考察方法	实地考察方案、实地考察报告
				劳动技能课:学习包客家碱水粽、酿苦瓜	碱水粽或其他粽子、酿苦瓜

阶段	活动主题	活动内容及目标	课时安排	指导课内容	成果形式
实施阶段	浓情端午香囊传情	1.探究香囊起源及其制作方法。 2.将前期研究的资料汇总，开展中期汇报会。 3.各小组提出研究中产生的困惑以及遇到的问题。 4.针对各小组提出的问题，请教有成功经验的小组或是相关专家、老师。 5.通过分享交流，培养学生发现问题、分析问题、解决问题的能力。	4个课时	劳动技能课：学习制作香囊	香囊
				方法指导课：学习分析问卷数据	问卷分析
				交流分享课：中期汇报展示	中期小结报告、建议书
	魅力端午行走客博	1.参加中国客家博物馆端午节活动。 2.在活动过程中，发现青少年对端午习俗文化的了解不如人意，结合活动，开展"我是客博讲解员"志愿者活动。	2个星期	方法指导课：学习讲解技巧	关于端午习俗文化的讲解稿
展示评价阶段	评优总结再创佳绩	1.小组间评比、小组内评比。 2.撰写活动心得体会。开展多元评价体系，填写评价表。	2课时	展评课：争当优秀小组和优秀组员	评级表；心得体会

【活动过程】

（一）启动阶段

第一课　古诗中的端午习俗文化

一、活动背景

端午习俗源远流长，一些流传至今的古诗词中，蕴含着丰富多彩的端午习俗。诗以传情，古诗词是中华传统文化的瑰宝，我们自小接触古诗词，对其有深厚的感情。通过这些古诗词，我们不仅可以探寻历史悠久的端午习俗文化，还可以感受诗歌之美，继承和发扬优秀的中华传统文化。

二、活动目标

（1）让学生充分感受中华传统文化，进而热爱中华传统文化，传承中华传统习俗，培养学生的民族自信心、自豪感。

（2）培养学生有感情地诵读诗文，并从中获得美好的情感体验。

（3）在实践中培养学生的观察感受力、综合表达能力、搜集处理信息的能力和互助合作的团队精神。

三、活动重难点

让学生感受中华传统文化，传承中华传统习俗，培养民族自信心，增强民族自豪感。在活动中学习语文、感受文化，使学生把接受学习与探究学习结合起来。

四、活动对象

七年级学生对我国的传统节日以及古代诗歌有一定的生活体验和知识积累，且具备一定的资料收集和整理的能力，为此可以充分利用这些储备创设教学情景，使学生在讨论交流中有收获、有发展、有提高。引导学生学会合作，学会交流，尝试创作诗歌，在这个过程中培养学生勇于创新的精神。

五、活动准备

（1）教师：多媒体课件。

（2）学生：搜集到的关于端午风俗的诗歌。

六、活动方法

教法：提问、启发、互动、讨论。

学法：自主学习、合作探究。

七、活动时间

计划1课时完成教学。

八、活动过程

（一）创设情境，激发兴趣

学习指导语：同学们，中华民族的传统文化丰富多彩、源远流长，特别是诗歌的文化更是给予了我们无穷无尽的文化滋养和情感熏陶。在一些流传至今的古诗词中，我们还可以从中看见丰富多彩的民俗文化。那么在端午节这一天，都有哪些习俗呢？

课前我们已经分小组进行有关诗歌的搜集，接下来让我们跟着这些小组成员去一探究竟！

小组代表上台展示诗歌中的端午风俗，并且有感情地朗诵古诗词。

设计意图：学生通过课前的收集以及课内的展示、诵读、交流，感受诗歌中的端午习俗文化。这也是了解端午民俗的一种很好的途径。

（二）探究古诗词中的端午民俗

师生总结。

PPT出示：

端午习俗之"衣"——饰品"五彩绳"。

细缠五色臂丝长。空惆怅，谁复吊沅湘。——（元）舒頔《小重山·端午》

诗中"细缠五色臂丝长"中的"五色"，指代端午节的"五彩绳"。

五彩绳又称五彩缕、长命缕，其五种颜色源于中华传统文化中的五行观念，分别为代表五行和五方的青、白、红、黑和黄。

人们一般将五种颜色的彩绳编织起来，系于手臂或颈项，以期保佑安康、益寿延年。

PPT出示：

端午习俗之"衣"——饰品"佩香囊"。

忆生平、既纫兰佩，更怀椒糈。——（宋）刘克庄《贺新郎·端午》

此处"兰佩"，指香囊。

端午节香囊中一般装填芳香开窍的中草药。

传说这些味道可以通过口鼻吸入、皮肤经络吸收等方式，发挥驱避污秽的功效，所以通常将其佩戴在身上，以祈福安康。

PPT出示：

端午习俗之"食"——吃粽子。

角黍唤回端午梦，还从艾盏得松花。——（明）陈献章《端阳后一日里人送角黍酒至》

"角黍"，即粽子，因其形有棱角、内裹黏米而得名。粽子与端午似乎是连在一起的，看到粽子，似乎便会想到端午；端午这天，粽子也是必不可少的美食。

相传，屈原投江后，当地百姓担心水中的鱼儿会吃掉屈原的身体，于是将一些食物包好投入江中，供鱼儿咬食。

如今在端午节，长辈包着粽子，孩子们在一旁围拢，闻着那或是红枣或是肉馅的粽子散发出的香味，其乐融融。

PPT出示：

端午习俗之"食"——饮雄黄酒。

樱桃桑椹与菖蒲，更买雄黄酒一壶。——（清）李静山《节令门·端阳》

夏季蚊虫增多，还会有蛇、蝎等"五毒"滋生。相传，蛇怕雄黄酒（可见于《白蛇传》等民间传说）。

所以在端午饮用或喷洒雄黄酒，也是祈福远离毒虫的习俗之一。可见于宋代施宿的《嘉泰会稽志》："端午日，设蒲觞，磨雄黄酒饮之。"不过，雄黄酒因其内含硫化砷，遇热后会分解为三氧化二砷，即砒霜，会对人体造成一定伤害，所以现在过端午，一般不再饮雄黄酒了。

PPT出示：

端午习俗之"住"——悬艾草。

招得薰风驱暑，插艾门庭，下帷深寂。——（清）杨玉衔《丹凤吟·甲戌端午》

艾草是重要的药用植物，可制成艾绒，用于熏炙、治病，也可驱虫。

端午日悬挂艾草的习俗，来源已久。相传成书于南北朝时期的《荆楚岁时记》中，便有"采艾以为人，悬门户上，以禳毒气"的说法。

PPT出示：

端午习俗之"住"——贴钟馗。

面目狰狞胆气粗，榴红蒲碧座悬图。——（清）李福《钟馗图》

钟馗，我国民间传说中驱鬼之神。据记载，自古贴钟馗、闹钟馗、跳钟馗等，就是传统节日的重要内容。

人们将钟馗等画像贴于大门上，以期驱邪避凶、祈福安康。如《燕京岁时记》中便记载："每至端阳市，肆间用尺幅黄纸，盖以朱印，或绘画天师钟馗之像，或绘画五毒符咒之形，悬而售之。都人士争相购买，粘之中门，以避祟恶。"

PPT出示：

端午习俗之"住"——沐浴兰汤。

兰条荐浴，菖花酿酒，天气尚清和。——（宋）苏轼《少年游·端午赠黄守徐君猷》

端午日兰汤沐浴，相传可见于《大戴礼》，《荆楚岁时记》中也有"五月五日，谓之浴兰节"的说法。

其中所说的"兰"，指草药，即本诗所谓"兰条"，而非兰花。

人们用兰汤沐浴，同样有祈望远离邪祟、祈福安康的寓意。

PPT出示：

端午习俗之"行"——龙舟竞渡。

草阁临流，龙舟竞渡，几度梦江乡。——（明）夏言《少年游·壬寅端

午乘李蒲汀二阕其一》

闻一多先生在《端午考》一文提出，古人以龙为图腾，在每年农历五月初五这天，会举行一次盛大的图腾祭。其中便有类似于今天的竞渡游戏，这也可视为龙舟竞渡习俗的由来。

PPT出示：

端午习俗之"行"——放风筝。

门前艾蒲青翠，天淡纸鸢舞。——（宋）苏轼《六幺令·天中节》

"纸鸢"即风筝，起源于中国，相传已有两千余年的历史，是我国民间盛行的一项传统体育运动。

端午节儿童放风筝，也称"放殃"。在我国南方，人们借此祈福祛病消灾，带来好运。

学生认真倾听，有感情诵读。

设计意图：此环节老师在学生汇报的基础上加以总结，从"衣食住行"四个方面探究端午民俗文化，让学生在享受诗歌之美中了解端午民俗文化，为源远流长的习俗文化感到自豪。

（三）尝试创作诗歌、诵读诗歌

学习指导语：同学们，我们这学期学了现代诗歌，不妨也尝试写一首有关端午的诗歌，可以是现代诗，也可以是古体诗，写完我们互相交流并诵读。

学生回顾以往学过的创作诗歌的知识，跃跃欲试，现场尝试创作。

设计意图：以诗传情，通过学生的创作，融入"端午"元素，激发学生强烈的爱国热情，增强学生继承和弘扬中华传统文化的责任感。

（四）作业布置

请同学们继续完善修改创作的诗歌，并且有感情地朗读。

学生继续完善创作的诗歌，课下互相交流，互相学习、借鉴。

设计意图：实践综合活动课程强调学生综合运用各学科知识，认识、分析和解决现实问题，提升学生综合素质。通过本节课的学习，结合课堂内外，学生在诵读和创作诗歌中，发展了核心素养，特别是社会责任感和创新精神。

第二课　走进客家端午

一、活动背景

在教师引导下，学生通过观察与思考生活中的现象与问题，搜集与分析材料，讨论与交流，提出感兴趣或关注的问题，最终师生共同确立了"感受客都千年客韵，传承端午民俗文化"的活动主题。在此基础上，教师指导学生围绕主题进行主题分解、组建实践活动小组、制订活动计划或方案。

二、活动目标

（1）通过讨论交流，确定研究主题的基础上，生成研究小课题，激发学生研究客家端午习俗文化的兴趣。

（2）学会筛选、整理子课题的方法，培养学生收集、处理信息的能力。

（3）通过小组合作，制订、完善活动方案，学会灵活运用各种研究方法，并采用合适的汇报方式，培养学生分工合作意识。

三、活动重难点

筛选、整理学生感兴趣的问题，生成子课题，制订活动方案。

四、活动对象

七年级的学生，脑袋里有很多奇思妙想，对新鲜事物充满兴趣，逐渐形成有个性的独立的思维方式。通过师生间的谈话讨论，使学生在认识和情感上引起共鸣，激发学生想要进一步探究客家端午习俗文化的兴趣，让学生围绕主题展开讨论，生成小课题研究的内容。这可能对部分学生来说有一定难度，无从着手，缺乏方法和实践经验。

五、活动准备

教师：多媒体课件、活动方案样表。

六、活动方法

教法：提问、启发、互动、讨论。

学法：自主学习、合作探究。

七、活动时间

计划1课时完成教学。

八、活动过程

（一）创设情境，激发兴趣

学习指导语：同学们，经过一番探讨，我们确立了此次实践活动的主题。接下来我们就可以根据主题，确定我们想研究的子课题了。

什么是子课题呢？我们都知道，就是关于主题，你最想知道、最想研究的那方面的内容。特别提醒大家，在选择子课题时应注意课题要有价值，你有能力完成。

下面请同学们仔细想想，看看自己最想了解关于的客家端午节的什么知识，然后在小组中交流，最后定出1~2个最感兴趣的研究内容，用简要的语言工整地写在纸上。

学生回顾自己搜集到的资料，进行小组交流，写下自己感兴趣想要研究的内容。

设计意图：此环节让学生学会在生活中发现问题，激发学生根据问题探寻答案的兴趣。

（二）筛选、整合研究课题

学习指导语：这么多的小课题，我们有必要筛选、整理一下。回忆一下筛选、整理的方法，我们按步骤完成。

PPT出示：

筛选、整理子课题的方法。

（1）去掉重复的内容。

（2）归类、合并内容相近、相似、相包含的课题。

（3）删除没有价值、不可行的研究课题。

（4）补充新想到的、有价值、可行的课题。

师生筛选、整理，生成子课题。

师小结：现在我们确定好了的子课题有：

（1）客从何处来。（客家大迁徙）

（2）端午起源研究。

（3）梅州客家端午饮食习俗探究。

（4）端午香囊起源、制作。

（5）如何继承和弘扬端午习俗文化。

研究这几个子课题，我们采用小组研究的方式。这些子课题中，你们小组最想研究哪个呢，小组成员商量一下，确定下来。

现在每个课题都有人研究，这样我们在成果汇报的时候，大家资源共享，得到的知识就会更全面、更丰富了。

整理几个小组写出来的子课题，根据筛选子课题的方法进行整理。各小组根据自己实际情况认领子课题。

设计意图：此环节帮助学生整理子课题，学生从中掌握筛选课题的方法，为后续实践活动的顺利开展提供保障。

（三）指导制订活动方案，修订、完善计划

学习指导语：确定了要研究的子课题，接下来我们该制订活动方案了。先看看子课题活动方案样表，见表2。

表2

活动主题：＿＿＿＿＿＿＿＿＿＿＿＿＿＿＿＿＿＿＿

子课题＿＿＿＿＿＿＿＿活动方案			
活动小组	组长：		
	组员：		
研究方式	网络（　　）、书籍（　　）、报纸（　　）、访谈（　　）、实地考察（　　）、亲自体验（　　）、其他（　　）		
预设成果汇报形式	手抄报（　　）、文字资料（　　）、照片（　　）、视频（　　）、调查问卷（　　）、实物（　　）、幻灯片（　　）、知识问答（　　）、表演示范（　　）、讲故事（　　）、其他（　　）		
活动时间	—		
任务分解	具体任务	承担人员	预计完成时间
活动预设	困难		
	解决方法		

教师指导填写。

师：现在请小组长带领组员共同商议，填写活动方案。

以小组为单位，讨论、设计子课题的活动方案。小组长汇报，其他小组提意见、建议或质疑，师适当点拨。

设计意图：此环节突出学生的主体地位，学生在制订活动方案的过程中提高自身的分析问题、解决问题的能力，同时还培养学生的团体协作、沟通能力。

（四）总结谈话，提出希望

同学们，上节课我们确定了实践活动的研究主题，这节课确定了研究的子课题，并制订了活动方案。希望在下一阶段的综合实践活动中，大家能分工合作，各司其职，各尽所能。如果遇到不懂的问题可以请教老师。在下周的综合实践中期反馈课中，同学们应初步整理好实践成果，带到课堂与同学交流。我相信，大家齐心协力，这次的实践活动一定能够取得成功！预祝大家有满意的收获！

各小组继续讨论交流。

设计意图：实践活动课程持续时间比较长，学生难免会遇到困难挫折而产生放弃的念头，因此老师和家长应该时常鼓励鞭策学生，适当提供帮助，让他们有信心坚持下去。

（五）作业布置

完善小组计划：各小组课后时间继续完善活动方案。

同学们在组长带领下，继续完善、修订活动方案。

设计意图：通过课下各小组的交流，提高学生的团队合作精神、协调能力。

第三课　资料收集与整理

一、活动背景

开展综合实践活动，就是想让学生从生活中去发现问题、提出问题，并通过各种渠道研究问题，最后解决问题。其中，收集和整理信息是解决问题的重要途径，是顺利开展此次综合实践活动的重要保障。端午节历史悠久，习俗绵延至今，具有大量丰富的信息。如何收集相关信息，找到有关问题的答案？又如何从大量的信息中筛选出有效信息为自己所用？如何处理、加工信息？如何整理相关资料等问题，将决定研究活动的深度、广度以及活动实施的效果。

二、活动目标

（1）在活动中，培养学生的合作能力、逻辑思维能力和语言表达能力。

（2）通过活动，让学生体验并掌握信息的收集与整理的方法，能够围绕研究主题寻找研究问题答案的方法，提高研究性学习的效率。

（3）在活动中让学生学会反思，学会欣赏别人，增强合作交流的乐趣，在动手动脑中体会成功的快乐。

三、活动重难点

设计一份切实可行的收集资料活动方案。

四、活动对象

七年级的孩子自我意识变强，逐渐形成有个性的独立的思维方式，对自然和社会问题的好奇心越来越强，也会尝试从各种途径寻找答案，有搜索信息和整理资料的基本能力，但搜索的范围较窄，或面对繁杂庞大的信息无从着手，缺乏信息整理方法。教师在此前提下，在尊重学生自主性的基础上，对学生进行有效的指导。

五、活动准备

教师：多媒体课件、收集资料活动方案案例、收集资料活动方案表格。

学生：课前通过查阅资料、访问等方式，初步了解制订收集资料的方法及相关知识。

六、活动方法

教法：提问、启发、互动、讨论。

学法：自主学习、合作探究。

七、活动时间

计划1课时完成教学。

八、活动过程

（一）创设情境，故事导入

师：同学们，老师这里有两个故事想和大家分享。

故事一：当年的汶川大地震，夺去了众多老百姓的生命。可是，有一个地方，它创造了地震中的奇迹。在离北川不远的一个小县城，有一所学校在这次汶川大地震中无一人伤亡。是什么令上天如此眷顾这群可爱的人呢？原来是那位懂得未雨绸缪的叶校长救了他们。这位好校长在他一当上校领导，每年都组织全校师生进行疏散演习。每一次演习，他都十分认真地设计好路线，让师生们能快速且安全地到达空旷处。这为当地震真正到来时的逃生做好了充分的准备，所以在这场突变中，他们用未雨绸缪的智慧赢得了生命。

故事二：《资治通鉴》记载，唐代颜真卿在担任平原太守时，看出安禄山有反叛迹象，就借口雨季来临，修筑城墙、暗中招募勇士并储存米粮充实仓库。安禄山认为颜真卿不过是一介书生，不足为虑。不久，安禄山起兵造反，河东一带郡守逃的逃、降的降，只有颜真卿率七千甲兵守卫黄河渡口，因其早有防范、准备充分，平原郡没有陷落。

学生思考交流：

这两个故事有什么相似之处？

你从这两个故事中得到什么启发？

学习指导语：

《礼记·中庸》有云："凡事预则立，不预则废。"预，指事先做好计划或准备。事预则立，是说无论做任何事，事前有准备才可能成功，没有准备就要失败。它强调做事之前要先制订一个切实可行的计划的重要性。

上节课我们做好了综合实践准备阶段的内容，接下来我们将进行活动的实施阶段，开始寻找研究问题的答案。那么我们如何收集资料呢？

用故事导入，学生津津有味、兴趣盎然，参与积极性很高。学生思考，根据自己的经验积极发言，表示也想成为一名有计划有条理的人。

设计意图：从富有趣味性的故事入手，调动学生兴趣，激起他们的好奇心和求知欲，营造轻松的学习氛围。让学生在思考问题中学会反思、总结。

1. 初识收集资料活动方案

学习指导语：同学们，我们马上就要进入收集资料的活动中，如果事前没有制订合理详细的计划，那我们可能就像无头苍蝇一般，面对庞杂的信息无从下手。因此，我们需要制订一份收集资料的活动方案，确保活动顺利开展。

学生思考交流：

怎么制订收集资料活动方案？

学生积极参与，纷纷展示自己的成果，力图为自己的小组争光。

设计意图：在这个环节让学生懂得制订方案的重要性，明白做事要有规划，学习如此，人生亦如此，为学生的未来发展奠定基础。

学习指导语：同学们，我们课前通过自主学习初步了解了制订收集资料活动方案的基本步骤，请大家拿出收集到的资料和自己设计的收集资料方案，和前后左右的同学分享。你认为一份科学合理的收集资料活动应该包括哪些内容？

同学们积极思考和讨论收集资料活动方案主要包含的内容，并互相交流。

学生讨论，教师巡堂指点。

设计意图：学生在自主学习和老师的指导下了解收集资料活动方案的基本内容和格式。

教师总结：根据同学们的方案，我们可以总结出收集资料活动方案一般来说包括活动主题、活动目的、活动内容、参加人员及其分工、活动方法、活动步骤与时间安排、预期成果呈现形式等。

同学们认真倾听，做好记录，为接下来的收集活动做好准备。

收集资料活动方案可以用文字形式呈现，也可以用表格形式呈现，见表3。为了更加直观，我们常常用表格的形式呈现。

表3

_____收集资料活动方案

活动目的	活动内容（探究问题）	活动方法（解决问题途径）	人员分工
	探究小问题1		
	探究小问题2		
	探究小问题3		

各小组参考收集资料活动方案的模式，结合各自研究的小课题，进行思考和分析。

2. 收集资料步骤

学习指导语：同学们，我们对收集资料活动有了比较合理科学的计划后，在活动开展时就不会像无头苍蝇般乱撞一气。那么在实施方案时，可以按照什么顺序来展开呢？请大家思考一下。

学生认真听老师的讲解，积极参与发言，认真做笔记，迫不及待想要试一试。

设计意图：这一环节让学生了解收集资料的基本步骤，便于后续活动的顺利开展。

3. 收集资料的途径

学习指导语：我们可以根据上节课我们所选的子课题确定我们收集资料的方向和任务。那接下来请大家思考，解决问题的途径有什么呢？

学生自由发言，老师做总结：查阅相关书籍、上网查询、问卷调查、参观考察、实验、采访……

学生根据自己的生活经验和实际情况回答。学生在此之前已有实践基础，所以回答的比较全面。

学生思考交流两种常用方式：如何进行查阅书籍和上网查询？

师生互动：

要紧紧围绕研究主题寻找问题的答案。

在查阅书籍时，可去书店、图书馆等地方找相关书籍，寻求图书管理员的帮助或者是根据书籍的分类提示牌，按照目录，随时记下或拍下重要的内容，如出版时间、出版地点和资料所在的页码等。

上网查询可用关键词法：启动IE浏览器，打开百度网站首页；单击主页的搜索文本输入框，输入关键词；单击"百度一下"按钮或按回车键。搜索的结果将列在浏览窗口中，在搜索结果中单击包含关键字词的文字标题，打开该文字标题所指的网页，阅读网页内容。

学生上台做示范，利用希沃平台展示上网查询的方法。

要注意的是，比如当我们用一个关键词"流星雨"进行搜索时，搜索的结果有许多与我们要查找的天文学的"流星雨"不相干，能否将非天文学的"流星雨"的网站或网页过滤掉？可以用搜索网站提供的高级查询功能，其支持两个或两个以上关键词搜索，这种多种关系的查找，能解决这个问题。例如，输入两个或两个以上关键词，如"天文"和"流星雨"，用空格隔开，让搜索引擎查找同时包含关键词"天文"和"流星雨"的网站或网页。如在"流星雨"后加"—"，搜索引擎将查找出不含（过滤）"流星雨"的"天文"的网站或网页。

设计意图：此环节教师与学生探讨解决问题的方法，为后面的填写工作做铺垫。

4. 制订、完善收集资料活动方案

学习指导语：各小组讨论、交流，制订小组收集资料活动方案。

要求：拟写收集资料活动方案时长约10分钟。组内人人参与，文明用语，积极发言，互相尊重。书写工整、规范。

小组同学在组长的组织下，对收集资料活动方案的内容进行填写。在明确研究主题的前提下，提出三个研究问题，初步填写小组收集资料活动方案。

设计意图：通过学生的展示交流和互相评价，培养学生学会欣赏他人、反思自己的良好品质。

老师抽取已完成的两个小组，让其进行汇报，师生点评小结。

每个小组针对活动主题认真讨论，在组内达成一致意见的基础上，修改和完善收集资料活动方案，参考汇报小组提供的收集资料活动方案，以及老师和同学们给出的建议进行进一步的修订。

先完成的小组进行汇报，其他同学认真听，随后大家点评，指出不足之处，进一步修改和完善收集资料活动方案。

设计意图：这门课重点强调学生的主体性、主动性和探究性，要留有空间给学生自由发挥，如让学生自己提出研究的问题，激发学生对研究主题的兴趣。

5. 资料整理

学习指导语：面对收集到的庞杂而繁重的信息，我们应该如何进行整理呢？

根据同学们的过往经验，在老师的引导下一起找到整理资料的方法。

师生交流互动，得出结论：浏览、分类、筛选、圈点勾画作批注、加上小标题、摘抄提炼。

设计意图：通过交流，思维碰撞，让学生学会倾听和尊重他人意见，培养学生与他人合作的能力。

（二）课堂小结

请大家利用周末的时间，在确保安全的情况（比如有家长陪同，有同学结伴），且家长知情的前提下，到书店或者是图书馆，查找研究问题的答案，带好相应的记录工具。

同学们，这节课我们通力合作，学会了如何制订收集资料的活动方案，相信大家在后面的综合实践活动中会给老师更大的惊喜！

同学们在老师的带领下回顾、叙述本节课内容。

设计意图：温故知新，加强学生对本节课知识的认识，并鼓励、鞭策学生在今后的活动中表现得更好。

（三）作业布置

完善小组收集资料活动方案，课后收集并进行初步整理资料。

课后作业：

利用一周的时间修改和完善本组的收集资料活动方案，开始正式收集资料，可抄写可打印，初步做好整理工作。

在组长的带领下，课后对本组收集资料活动方案做进一步修改、完善。

设计意图：学生把学到的方法真正运用于实践中，也为下一步的研究活动打下基础。

第四课 学会采访

一、活动背景

近年来，综合实践活动课程在学校开展得如火如荼。在观摩以及亲身实践后发现，综合实践活动课要顺利开展，要想真正提高学生的能力，离不开教师的指导，这其中就包括活动方法的指导。学生在综合实践活动课的开展过程中要运用许多活动方法，如采访就是其一项重要的手段。如何通过采访获取自己想要的信息，需要一定的采访技巧。

二、活动目标

（1）了解学生调查访问的各种体验。

（2）通过案例呈现，让学生明确采访问题设计的原则，学会设计"采访提纲"。

（3）通过讨论、总结学生已有经验，让学生学习采访的技巧。

（4）在活动中培养学生独立思考的能力及创新的意识。

（5）对学生采访后续进行简要指导。

三、活动重难点

学生明确采访问题设计的原则，学会设计"采访提纲"，学习采访的技巧。

四、活动对象

据调查，我校七年级学生参加的采访活动不多，采访经验较缺乏。在此前提下，引导学生掌握一些基本的采访方法和技巧。

五、活动准备

教师：多媒体课件、一份详细、标准的采访提纲。

学生：进行初次采访，记录自己的感受。

六、活动方法

教法：提问、启发、互动、讨论。

学法：自主学习、合作探究。

七、活动时间

计划1课时完成教学。

八、活动过程

（一）畅谈体验，导入课题

学习指导语：同学们，我们在进行研究性学习的课题研究中，通常要用到调查访问这个研究方法，根据你以往的采访经验，你能说一说你在采访中遇到过什么样的问题吗？

学生此前已进行初次采访，因此汇报比较积极。

师小结：看来调查采访可不是件轻松事，大家都碰上了难事，有的小组还在采访过程中发现了问题，活动开展得不太顺利。怎样才能让采访顺利进行，达到我们的活动目的呢？那就要学会采访！今天我们就一起来学习如何采访！（板书课题）

生1：去采访的时候采访对象都说没时间，有的还摆手让我们赶紧走开，一脸不耐烦。

生2：采访时，路人都像看热闹一样看着我们，还有人问我们是不是闲着没事，在那里瞎起哄。

生3：我们采访的路人有些回答的并不是我们想要的信息，有些还答非所问。

生4：我们组有个发现，采访时不要采访那些打电话的、走路急匆匆的人。要采访那些老爷爷、老奶奶等走得较慢的、相对比较悠闲的人。

设计意图：综合实践活动课程注重学生的体验，让学生在体验中获得知识，获得情感经验，使学生在体验的同时能发现问题，自主探究问题，解决问题。同时，教师倾听学生在活动过程中获得的各种体验，发现学生活动过程中出现的问题，对其进行指导，更好地促进学生下阶段活动的开展。

（二）出示案例，学习"采访提纲"

学习指导语：我们的采访出现各种问题的原因是我们没有做好采访前的准备！进行采访，第一步先要设计"采访提纲"。（板书：采访提纲）今天，老师带来了一份案例，我们一起来看看。

PPT出示：

采访提纲：

时间：2022年3月18日下午。

地点：学校体育室。

采访对象：体育课梁老师。

采访人员：张芳萍、李晓雨、朱丹、刘璐璐、姜辉、郑欣悦。

问题设计：

（1）您一直是学校运动会的主策划人，您策划过多少届运动会？

（2）我们班准备组织一次七年级运动会，您觉得行吗？

（3）您能在项目设置方面为我们出些主意吗？

（4）您能为我们提供上两届运动会的秩序册吗？

（5）我们能向学校借器材吗？有些器材我们不会用，您能教我们吗？

（6）能通过您请其他体育老师做运动会的裁判吗？

（7）向您汇报一下我们的设想，您觉得还有哪些问题需要我们注意？

预期效果：

我们采访体育老师是为了让有经验的老师为我们运动会的筹划出谋划策，主要解决项目、器材、裁判问题，希望能得到他们的帮助。

师提问，生思考讨论：

看了这个案例，你认为"采访提纲"应具备哪些要素呢？

要想达到采访目的，你觉得哪一项的设计要精心考虑？

学生认真观摩、倾听、讨论案例。

学生积极思考讨论汇报，认为"采访提纲"具备采访目的、采访时间、地点、采访问题设计、采访对象等内容要素。

学生汇报，教师小结：问题设计与采访目的的联系——问题设计就像写作文的提纲，它的设计非常重要，采访目的能不能达到，就要看你的问题设计是否与目的有关。

大部分学生认为采访目的、采访对象、问题设计要精心设计。

设计意图：方法指导应具有一定的科学性。学生此前没有写过"采访提纲"，因此为学生提供一份完整具体的模本，让学生一目了然，学生有据可参。这样设计不仅降低了方法的难度，而且提高了学生的学习兴趣。并且通过讨论活动，让学生明白"采访提纲"的精髓，突出重点。

（三）小组根据活动小主题设计"采访提纲"

学习指导语：现在我们趁热打铁来练兵，本学期初我们进行了"感受客都千年客韵，传承端午民俗文化"的实践活动探究。各小组就其中的一个小主题"如何继承和弘扬客家民俗文化"来设计一份"采访提纲"吧！

老师发放表格，见表4。

表4

_____小组采访提纲

采访目的（预期效果）			
问题设计			
采访时间		采访地点	
采访对象		采访人员	

学生分小组设计，教师巡回指导。

学生拿出"采访提纲"表格，小组讨论，共同填写。

设计意图：此环节突出学生的主体地位，让每个学生都参与其中，积极思考，积极发言，在讨论中完善小组的采访提纲。

（四）小组间讨论并完善"采访提纲"

学习指导语：刚才各小组的成员，都在绞尽脑汁思考、设计"采访问题"，到底哪一组的问题设计直奔采访目的，哪一组的问题设计还不够好？同学们认真听，待会我们来当当医生，诊断诊断其他小组的"问题设计"！

小组汇报，组间交流。

设计意图：通过汇报展示学生采访提纲，修改、完善提纲方案，互相学习借鉴，为学生此后的活动的顺利开展打下基础。

（五）学生讨论，学习采访技巧

学习指导语：刚才每一个小组都汇报了采访提纲，大家听得很认真，也提出了许多好的建议。好了，"采访提纲"都设计好了，采访一定会成功了吧？但老师告诉你们，这次再去采访也不一定会成功，因为采访还有许多需要注意的问题。我们一起思考下，采访应注意什么呢？

师生总结：要有礼貌，穿衣得体；问题明确，围绕主题；倾听回答，表达耐心；确认分工，井然有序……

师：采访技巧还有很多，同学们可以课下上网查询，也可以向身边从事记者行业的亲人朋友询问。

学生结合过往经验和这节课的内容积极思考、互相交流。

设计意图：避免方法指导课的教师满堂灌输，结合学生现有经验交流采访技巧，调动学生学习的兴趣。

（六）采访后续简要指导

学习指导语：采访完了还要做什么？我们还要做一下采访记录。老师这里为你们提供了比较科学、全面的记录表。

老师出示采访记录表，见表5。

表5

_____小组采访记录表

访问日期		地点		访问对象：		时长：
访谈主题						
采访目的						
活动准备						
采访的问题：						

访问记录（整理要点）：
结果（是否达到目的、解决什么问题、有些什么收获和体会）：
被访问者的意见或建议（包括对学生和活动的评价）
签名：＿＿＿＿＿＿ ＿＿＿年＿＿月＿＿日

师：采访之后，除了做好记录，我们还应该做些什么呢？

教师归纳：做好记录，整理资料；做好采访（如趣事、收获等）；记录采访中产生的新问题。

学生认真倾听老师讲授内容，思考、交流老师提出的问题并作汇报：整理照片、表格、统计表，写心得体会等。

设计意图：教给学生严谨治学态度的同时，让学生学会记录、学会整理活动获取的资料。

（七）作业布置

请同学们继续修改、完善采访提纲，在采访活动中做好采访记录表，在活动结束后整理好相关资料。

同学们认真回顾这节课内容，整理笔记。

设计意图：通过课下的实践，温故知新，让学生学会采访。

第五课　我会做客家碱水粽

一、活动背景

民俗文化是传统文化历史积淀的产物，同样的一项民俗，不同时期人们赋予它不同内容。日积月累，代代相传，这些内容逐渐成为民俗节日特定的符号。

节日符号作为节日文化的重要载体，在传承过程中有着十分重要的意义，它们不仅是视觉符号、味觉符号，更是精神符号，体现出各族人民不同的生活方式和价值观念。比如粽子，就是端午节的代表符号之一。

粽子别称"角黍"，起源于春秋战国时期，起初是作为祭祀神灵和先祖的祭品。在东汉时，也只是一种普通食品。应劭在《风俗通义》中曾说：

"俗以菰叶裹黍米，以淳浓灰汁煮之令烂熟，于五月五日及夏至尝之。"到了晋代，粽子就开始变成人们端午节饭桌上的时令美食，南北朝时期吃粽子才和纪念屈原联系在一起。南朝时期《续齐谐记》中记载："屈原以五月五投汨罗江而死，楚人哀之，每至此日，以竹筒贮米，投水祭之。"人们在端午这天食用美味的粽子，在味蕾得到满足之余也表达了对屈原的敬意。

二、活动目标

（1）通过了解粽子的起源、演变发展史等相关知识，锻炼学生搜集和整理信息的能力。

（2）让学生了解客家碱水粽的制作方法，能亲自动手实践包粽子。

（3）培养学生热爱生活的精神和动手能力，激发学生对传统民俗文化的热爱。

三、活动重难点

重点：让学生了解粽子的起源、演变发展史等相关知识以及粽子的制作方法。

难点：让学生学习经典三角粽的包法。

四、活动对象

随着社会的发展，很多传统节庆食物在平日里也能"呼之即来"。比如粽子，是学生非常熟悉的一种食品，学生对其制作原料不陌生，但对其制作方法知之甚少。据调查，班里仅有不到三分之一的学生尝试过包粽子。初一的学生好奇心强，对于没有尝试过的事物都抱有一种新鲜感和好奇，抓住这个心理特点，鼓励他们动手制作。

五、活动准备

教师：分小组，多媒体课件、包粽子教学视频、五个不同口味的熟粽子。

学生：搜集有关粽子文化的相关资料。

六、活动方法

教法：实践法教学。

学法：自主学习、合作探究。

七、活动时间

计划1课时完成教学。

八、活动过程

（一）激趣导入

小游戏：猜猜我是谁？

老师准备几个不同口味的粽子，让学生闭眼品尝，尝试说出粽子的种类。

有吃有玩，学生兴致很高，踊跃参与。

设计意图：通过小游戏，营造氛围，引出今天的主角——粽子，激发学生探究粽子文化的兴趣。

（二）探究形成

1. 粽子争霸赛

指导语：课前同学们根据自己的口味进行分组，分别搜集了很多关于粽子的相关资料。接下来，我们的"咸粽子VS甜粽子"争霸赛就要开场了，请各小组派代表出战。

"咸甜"小组各出三人上台介绍各派系的粽子种类、特点、优点等，其他同学可作补充。

甜粽：

口味：粽子在北方一般以甜味为主，南方也分布着少许甜粽，一般是由纯糯米制成无味的白粽子，蒸熟之后蘸糖吃。

馅料：多包蜜枣、红豆、干果，为粽子增加风味和口感层次。

如浙江紫米粽、陕西凉粽、江苏白米粽、湖北苞谷粑粑。

咸粽：

口味：南方粽子甜咸都有，主要以咸味为主。

馅料：在馅料方面咸粽可谓是百花齐放，包括烧肉、蛋黄、香菇等，只有你想不到，没有它装不了。

包法：南方的粽子形状各异，有三角形、火炬形、方形等。

教师总结：不论喜欢的是北方甜粽还是南方咸粽，我们中国人吃粽子所要表达的文化内涵依旧是一致的。刚才我听到有同学在咸甜粽之外还介绍了一种碱的粽子，它历史非常悠久，就是客家人普遍爱吃的灰水粽，梅州人也叫布惊粽、碱粽。

设计意图：学生通过小组合作，整理、收集粽子的相关信息，在培养学生团结协作能力的同时，养成学生独立思考的能力以及提高其口头表达能力。

2. 粽子进化论

指导语：同学们课前已经分小组对"粽子的前世今生"这个主题进行资料搜集和整理，请各小组派代表上来介绍你们组的探究成果。

课前，学生已查找和收集粽子的相关资料，在教师介绍粽子演变的过程中，学生十分感兴趣，积极参与，对教师没有讲到的内容做相关补充。

老师根据学生介绍情况补充粽子进化史。

（1）春秋时期：用菰叶（茭白叶）将黍米（黄小米）包成牛角状，称其为"角黍"；用竹筒装米密封烤熟，称"筒粽"。主要用途是祭拜祖先和神灵。

（2）东汉末年：草木灰水浸黍米，因水中含碱，用菰叶将黍米包成四角形，煮熟就成为广东碱水粽。粽子的品种也多了起来，有丸子粽、香芦粽、百萦粽、粉团角粽。汉光武帝时期大批的汉朝官兵在交趾等地筑城居住，将中国农历五月初五端午节吃粽子食俗带到了交趾等地。

（3）晋代：晋代粽子被正式定为端午节食品。这时包粽子的原料除米外，还添加了中药材益智仁，煮熟的粽子被称为"益智粽"。在南北朝出现杂粽，品种增多，米中掺杂禽兽肉、板栗、红枣、赤豆，裹成的粽子还用作交往的礼品。

（4）唐代：唐代粽子用米已"白莹如玉"，日本文献中就记载有"大唐粽子"，"赐绯含香粽"也是唐代官府宴食品。

（5）宋代：宋代有"以艾叶浸米裹之"的艾香粽，还有蜜饯粽。苏东坡"时于粽里见杨梅"的诗名，还有用粽子堆成楼台亭阁的广告，说明宋代吃粽子已很时兴。粽叶在元代变革为箬叶，而到了清代，就已经出现火腿粽子了。

接下来老师将重点介绍我们的主角——客家碱水粽。

设计意图：通过让学生自己整理收集有关粽子的演变史资料，培养学生筛选处理信息和组织语言文字的能力，同时让学生对粽子的前世今生有了更深入的了解。如此深厚的历史底蕴，增强学生的民族自豪感，并引出本课主角——客家碱水粽。

3. 客家碱水粽

（1）介绍客家碱水粽，展示碱水粽制作材料。

师：从上面的进化史来看在汉末时期，灰水粽已经风靡古中原了。灰水粽的记载，一直到宋朝还有。也就是说，客家情有独钟的灰水粽，是1800年前的古法粽，只是将黍米改成了糯米。

灰水粽：用天然植物碱水（布荆草，燃烧灰烬滤水所得）将糯米浸泡透，使糯米染上淡淡的黄色，再用苇叶包成尖三角形，扎紧。煮熟剥开的粽子，有苇叶的清香，黄澄澄的粽子显得饱满、圆润，而且非常软糯。

其中，布荆是一种四季常青的灌木，其味道独特，生命力极强，火烧泥埋、采伐践踏依旧茁壮成长。因其有布散风惊、治头痛风湿的功效，被客家人称为布惊草（或布荆草）；又因其能驱赶蚊子，亦被称为蚊惊树。

材料：布荆灰、糯米、箬叶。

学生对碱水粽的制作材料十分好奇，不相信这些"灰"能够制成美味的粽子，让学生通过闻、看、摸近距离感受布荆灰。

（2）介绍客家碱水粽的制作方法。

第一步：把"布荆"烧成灰后，还要把这些灰都收集起来装进过滤袋，放到水里重复煮沸几次，将灰烬过滤掉，再把灰水静置，待灰水中的杂物沉淀下来，剩下的灰水就可以用来泡糯米了。（可购买现成的布荆灰）

第二步：箬叶及棕榈叶软化、蒸煮，消毒处理。

第三步：糯米淘洗干净沥去水分，把一定比例的纯天然灰水倒进盛糯米的盆中一起浸泡一个晚上并沥干水分。

第四步：可以开始包灰水凉粽，一般一两米可包2~3个凉粽。包好粽子用棕榈叶绑好，入锅里煮4~5小时即可。

学生认真倾听，聚精会神，做好笔记，为接下来做粽子作业做好准备。

（3）视频展示经典三角粽包法。

老师拿粽叶帮助学生厘清手法。

第一步：取一片宽大的粽叶，卷成一个圆锥状。

第二步：在圆锥筒中装入糯米。

第三步：上部的粽叶向下折，直到完全盖住开口为止。

第四步：顺着三角的边将所有的粽叶都折好。

第五步：用线绳将粽子捆绑结实即可。

学生同步记录，拿老师准备好的粽叶试着操作一下。

设计意图：通过详细介绍碱水粽并展示其制作方法，为下面学生亲自实践打下基础。碱水粽的特殊材料和手法能够引起学生的兴趣，提升了学生学习的积极性。

（三）课堂小结

同学们，包粽子的端午习俗历经两千多年传承至今，是中国人民以质朴的行动表达着对爱国主义、家国情怀的尊崇，显示出中华民族的精神追求与价值取向。这种精神追求与价值取向不仅跨越地域，更穿越古今，在中华大地上鼓舞和激励着一代又一代中华儿女为祖国发展繁荣而不懈奋斗。今天，我们通过学习包粽子、做香囊、诗歌朗诵等方式，感受中华优秀传统文化的魅力。要知道，古代四大文明古国，只有中华文化得以延续，传承至今。中华文化之所以生生不息传承至今，从未中断，就是靠着一代又一代中华儿女的不竭传递。传统文化是一个国家的立国之根本，保护传承传统文化，是时代留给青年一代最重要的课题，也是我们作为中华民族接班人必须要挑起来的重担。

学生郑重严肃地在"弘扬家乡传统民俗"倡议书上签下自己的名字，承诺做新时代的传承人。

设计意图：对学生提出希望和愿景，让学生明白此次主题活动的真正意图，激励学生，增强学生弘扬和继承民俗文化的责任感和使命感。

（四）布置作业

（1）回家与家人一起制作客家碱水粽，可进行创新，自由添加馅料，如材料有限，没有布荆灰，可制作其他种类的粽子，第二天带来学校与老师、同学一起分享品尝。（家长群分享孩子制作粽子的过程）

学生整理笔记，重温制作手法，设想自己想要制作的粽子，可推陈出新，回家与家人一起制作美味的粽子。

（2）小组探究：如何对待传统文化和外来文化？

小组课下继续合作探究，形成一篇小论文。

设计意图：实践出真知，学生在身体力行中传承文化，体验劳动的喜悦，并在课外拓展探究中，培养独立思考的能力。

第六课 巧手做香囊

一、活动背景

香囊又名香包、香袋等。据文献记载，我国古代民俗中佩戴香荷包历史悠久，可以上溯到战国时期，屈原《离骚》中有"扈江离与辟芷兮，纫秋兰以为佩"之句。江离、辟芷、秋兰均为香草。纫，乃连缀之意。佩即佩帏，在这里既指香包，也含佩戴之意。

据文献记载，佩戴香囊这项活动虽然起源于端午节，但因香囊具有的聚香凝神、避邪驱瘟作用，所以流传得很广，并不局限于在端午节佩戴。因为香囊中所用的中草药物，能散发出天然的香气，这种香气属中药学理论中的"闻香祛病"理论，具有驱蚊蝇、开窍醒神、化湿等功效。现代医学研究也证明这些中草药含有大量挥发的药香味道，具有驱蚊蝇、抗菌、抗病毒、防止鼻塞、提高睡眠质量等功效。

端午节已入选国家级非物质文化遗产民俗类项目目录，佩戴香囊和吃粽子、划龙舟等这些端午节的民俗活动将一并传承下去，这是对我们非物质文化遗产项目的保护。香囊作为一项中国传统节日的民俗手工艺产品，可以陶冶情操，形成人们爱传统节日、爱传统手工艺的氛围。其制作相对简单，佩戴漂亮，放在私家车和衣柜里有着淡淡的香味儿，受到大众的喜爱。

二、活动目标

（1）学生了解端午节佩戴香囊的起源、作用、佩戴方法。

（2）学生认识制作香囊相关工具和所需的材料。

（3）学生初步了解制作香囊的经过。

三、活动重难点

重点：学生了解制作香囊的经过。

难点：学生学习缝制的基本方法：绕线打结、捻线打结。

四、活动对象

每逢佳节，学校会安排相关主题的班会课和黑板报，因此学生对传统节日习俗有比较深入的了解。由此学生对端午节的香囊并不陌生，但对香囊的制作了解不多。初一的学生，好奇心比较强烈，喜欢做活动，有一定的合作学习和探究学习的能力。针对学生的特点进行教学，预计会获得较好的教学效果。

五、活动准备

教师：多媒体课件、微课、提前制作好的香囊。

学生：有关香囊的资料，家中废弃旧布料或新布料，香料配方如雄黄、朱砂、艾叶等，针线、挂绳装饰。

六、活动方法

教法：实践法教学。

学法：自主探究、合作探究、展示交流。

七、活动时间

计划1课时完成教学。

八、活动过程

（一）激趣导入

（1）通过央视端午节宣传视频，了解端午节常见习俗，烘托端午节氛围，引出其中一个习俗——佩戴香囊。

视频导入，学生很有兴趣，聚精会神，积极性很高。

（2）拿出制作好的香囊给学生看、摸、闻。

学生拿着香囊仔细观察，通过触觉、嗅觉近距离接触香囊。

设计意图：通过视频、香囊营造氛围，激发学生探究香囊文化的兴趣。

（二）探究形成

1. 说香囊

指导语：课前同学们搜集了很多关于香囊的资料，哪个小组愿意跟大家分享？

小组代表介绍自己搜集到的关于香囊的资料，其他学生做补充。

教师总结：端午佩戴香囊的起源，了解"五毒"；香囊的三大作用；佩戴方式；香囊的类型。

设计意图：学生通过自己整理、收集香囊的相关信息，培养其观察与思考问题能力、收集与处理信息能力，同时让学生一次又一次深入了解香囊的各方面知识，增强学生的民族自豪感和文化自信。

2. 做香囊

（1）展示制作香囊所需的材料。学生把准备好的材料摆放在桌子上。

（2）播放视频介绍香囊的基本缝制手法。

（3）指导制作香囊：先播放香囊制作的视频，再小组合作探究制作香囊的注意事项。教师申明其他注意事项，如注意使用剪刀和针的安全，再适时总结并板书关键字，帮助学生厘清制作过程，具体过程如下。

第一步：将挂绳放在布的中间位置，对折布料。

第二步：缝制好相应位置，同时一起缝合挂绳。

第三步：打结，剪掉线头后将布料翻面。

第四步：香囊内装入艾草等中草药材料。

第五步：将开口处的布往内压。

第六步：缝住开口处，打结即可。

学生观看视频，认真倾听，同步记录，一同总结、厘清缝制过程。

设计意图：通过观看视频、观察制作材料，学生小组合作整理信息并交流，总结出制作流程，让学生的思路更清晰，目标更明确，同时还掌握了制作过程中需要注意的问题，初步保证了自制香囊的质量。同时，利用家中废弃布料，可以对学生起到"节约环保"的教育作用。

3. 成果展示

师：现在大家的香囊已经制作好了，请以小组为单位拿着香囊到台前展示，我们先从小组里面推选出最佳制作奖，然后参与全班"最美香囊"的评选。

学生积极参与评选活动，展示、交流，为自己的小组增光添彩。

评价标准：针线紧而密，内含中草药不外露；形状呈标准的三角形；吊绳稳固，轻拉不掉。

学生内心激动，期待获奖。

设计意图：成果源于实践，自己亲手制作香囊，让学生通过同学之间的互动交流及评比活动感受"劳动创造幸福"的喜悦。同时，通过评比，学生学会了去发现问题，然后去分析、解决问题，增强了学生学习的自主性。

（三）拓展延伸

（1）教师总结：从端午节几千年的历史演变来看，防疫祛病、避邪驱瘟是端午时节的原始主题。湿热的夏季是传染性疾病高发季节，因此端午时节，古代人会选择传统的中草药来保卫生命，达到防疫祛病、避邪驱瘟的目的。这种节俗主题用今天的眼光来看依然具有很强的现实意义。同时，佩戴香囊也是中医里的一种香薰疗法。香囊在一年中均可佩戴，之所以在端午强调佩戴香囊主要是因为这一时期阳气旺盛，这时挂香囊养生效果会更为明显。制作香囊，可参考选用苍术、藿香、佩兰、艾叶、肉桂、砂仁、白芷、丁香，也可加一些朱砂来安神，将这些药物等量取出（每味药物以2~3克为宜），研成粉末，然后装入致密布袋中，缝合好，佩于胸前、腰际等位置，或是悬于屋内及卧室，可以理气、祛风散寒。需要注意的是，香囊中的药材应在医生指导下，根据节气和个人体质进行配制。

同学们，在我们感叹先人的智慧时，同时也要认识到，中华优秀传统文化是中华民族的根和魂，需要代代守护。我们中国历史源远流长，还有很多优秀的文化习俗需要你们来传承。

（2）老师出示图片引导学生思考，小组交流传统文化的传承与创新。

各小组积极思考、交流问题，自由发言，并以小组为单位形成文字稿。

设计意图：香囊知识的拓展，打开了学生的思路，开阔了眼界，增强学生民族文化自信和自豪感，同时使其对中华优秀传统文化的继承和发扬进行深入的思考。

（四）布置作业

（1）把本节课所学知识与家人分享，做传统文化的传播践行者。（家长群里询问学生在家分享情况及家长建议）

（2）小组继续探究其他传统节日的习俗和相关知识。

在组长的带领下，课后继续探究其他传统节日的习俗文化。

设计意图：课后延伸，从课堂内到课堂外，增强学生传承和发扬中华优秀传统文化的使命感和责任感，同时在小组活动中，增强团队的协作精神。

第七课　中期汇报课

一、活动背景

世界文化碰撞加剧，对我们传统的民俗文化冲击不小，很多青少年盲目热衷西方节日，对自己的民俗节日和传统习俗却知之甚少。我们青少年，必须肩负起保护和传承传统民俗文化的重担。由此，我们选择了广东梅州的端午节作为节庆习俗文化的主题。在多途径探究端午节习俗的过程中，同学们不仅对家乡习俗文化有更深入的了解，而且在团队协作中收获了友情，在各种丰富多彩的活动中收获了快乐。

随着活动的进程，有些学生可能在实践探究活动中遇到困难，也开始出现对主题活动厌倦的现象。如何保持和激发学生对家乡端午节民俗文化的关注和兴趣，成了设计此堂课的初衷。

（1）分享：教师展示前期的活动过程，进行成功经验的交流和分享，与学生共同学习和进步。

（2）解惑：教师对学生在前期活动过程中存在的一些共性问题、疑难进行解惑，进行方法和技巧上的指导。

（3）鞭策：教师要善于发现学生优点，放大学生在活动过程中的闪光点，不断地鼓励学生，让学生在活动的过程中充实和完善自我。进一步挖掘新的问题或生成新的目标为下一步的活动指明方向，鞭策学生继续前进。

二、活动目标

（1）通过汇报展示，锻炼口才，提高学生语言表达能力，培养学生掌握多渠道收集、整理资料和采访的方法。

（2）培养学生进行有条理、有根据的理性反思的能力，为下阶段的活动打下基础。

（3）让学生体验到分享成果的快乐，懂得欣赏别人，并培养学生遇到困难坚持到底的勇气和毅力。

三、活动重难点

（1）指导学生在活动过程中丰富和完善自我，挖掘活动中的疑难问题。

（2）指导学生明确下一阶段的活动方案和活动目标。

（3）学生在前一阶段通过各种积累，对客家文化有一定了解，初步学会粽子的制作。

四、活动准备

教师：多媒体课件。

学生：中期交流记录表。

五、活动方法

以学生的现场汇报交流、自主讨论为主，以教师的现场指导为辅。

六、活动时间

2课时。

七、活动过程

（一）回顾导入，分享经验

师：同学们，我们5月初，启动了以"感受客都千年客韵，传承优秀民俗文化"的主题综合实践活动。一个多月来，同学们通过上网查资料、实地采访、亲自动手包粽子积累了许多的资料，也拍摄了相关照片，品尝到了实践的快乐，这节课便是我们经验交流和资源共享的舞台。

为了更加充实地进行展示，今天有3组同学进行汇报展示活动过程及体验感悟，其他小组同学在下周进行汇报交流。

PPT出示：

温馨小提示：

（1）小组汇报时，所有的同学都要安静倾听，争做"文明小听众"。

（2）发现汇报小组活动过程有亮点或有问题请记在综合实践记录本上。

分组汇报前期活动过程以及小组的体验感悟。

设计意图：这个环节对前期活动进行回顾总结，让学生可以及时总结成功经验，反思失败经历，学生之间互相学习、借鉴，他山之石可以攻玉，使学生共同成长。

（二）寻找困难，群策群力

1. 讨论

师谈话引入：刚刚我们一起分享和体验成功所带来的快乐，那么在活动中，我们肯定还会有许多的困难挫折。下面我们就来认识一下它们，并用我们的智慧，让这些困难成为我们前进的动力。

学生开始分组讨论，老师进行个别小组指导。

活动要求：

（1）汇报小组归纳总结本小组所遇到的困难以及解决这些困难和问题的途径，填写好表格。

（2）其他非汇报小组讨论归纳汇报小组的在研究过程中的亮点、困难、问题、解决办法，并填写好表格。

（3）非汇报小组评比：最佳提问奖、建言献策金点子奖。

2. 总结

师：刚刚的汇报很激烈，也非常精彩。其他非汇报小组给予了很多有价值的建议，我们互相学习，互相探讨，对接下来开展活动有很大的帮助。

有人说困难就像纸老虎，你不把它当回事，它一戳就破。我们可通过学习他人经验、寻求他人帮助以及通过自身努力来解决我们目前遇到的问题。

（1）搜集资料渠道窄，缺乏技巧。

（2）采访受阻，问题与结果不匹配。

（3）小组内部出现分歧矛盾。

（4）安全问题。

解决问题的方法：

（1）搜集途径，各显神通：图书馆、实地调查、采访、上网……

（2）采访注意事项：衣着得体（校服）、亲切自然、表达清晰、仔细倾听、认真记录。

提纲的问题设计应注意事项：不要提太大的问题，围绕主题中心，问题要具体；问题要由浅入深，体现层次感；不要提暗示性的问题；不要提过于轻率的问题；不要提审问式的问题（善于引导，在交谈中发问，在发问中交谈）。

（3）小组内部出现分歧矛盾时，应就事论事，对事不对人，大家一起探讨，时刻牢记小组目标，团结协作。组长应发挥领头羊的作用，公平公正分配任务。

（4）安全问题：外出结伴而行，提前告知老师及家长；不去危险的地方。

学生展示：汇报小组汇报困难和问题；其他非汇报小组提出质疑和建议。

设计意图：这个环节不论是展示的小组还是非展示的小组都要参与其中。对于暴露出来的问题，全体成员齐心协力出谋划策，展示团体智慧，学生吸取他人教训，收纳他人建议，经过自己思考加工，为下一阶段的活动做好铺垫。

（三）反思总结，定下目标

师：同学们，回顾过去，我们总结了不少成功经验，攻克了不少"疑难杂症"，接下来，请大家继续完成以下活动。

（1）小组产生了什么新问题？请预设困难。将不能解决的困难和方案的修改，填写在记录表格上。

（2）各组汇报下阶段怎么做。

每个小组讨论合作填写表格并作汇报。

设计意图：这个环节起到承上启下作用，通过让学生预估下一阶段会遇到的困难，使学生做到心中有数不慌乱，并明确目标，保证活动顺利开展。

（四）提出希望，期待成功

师：经过刚才的交流学习，明确了下一阶段的任务，我想每个组已经心中有数，脚下有路。在往后的活动中，我们或许还会遇到一些"拦路虎"，但老师相信你们一定会想办法克服这些困难！希望我们各个组今后多互相借鉴、学习，共同进步。优秀的小组作为领头羊可以引领大家共同进步，让我们真正成为家乡民俗文化的继承者和弘扬者！今天的活动到这里结束，请下一周进行汇报交流的小组同学课下做好准备。

学生把下一阶段的计划形成表格文字，并作交流。

设计意图：对学生提出希望，鞭策他们克服困难，坚持到底。

第八课　相约在客博　我当讲解员

一、活动背景

每年的5月18日是世界博物馆日，博物馆在当代青少年的素质教育中是重要角色。为了让博物馆教育与青少年的素质教育接轨，2004年3月19日，国家文物局发出专门通知，要求有条件的博物馆、美术馆向未成年人等群体免费开放。学生们可以通过休息日对附近的博物馆进行参观学习。博物馆学习是博物馆教育的一个重要途径和内容，如果能让学生充当讲解员，把在客家博物馆学习到的知识通过讲解的方式输出，不仅会让学生对客家文化有更深入的了解，也是一次难忘的职业体验，大大丰富学生综合实践学习的内容。

二、活动目标

（1）通过课前搜集资料、实地考察，学生能列出讲解的提纲，按照一定顺序讲述。

（2）通过展示交流、视频学习、小组合作等形式，让学生学习用恰当的语气和语速有条理地讲解，并让学生尝试加入手势、动作、表情等让讲解更清楚。讲解者能根据听众的反应，对讲解的内容做调整。

（3）讲解者能自信、有条理地表达，对讲解感兴趣。

三、活动重难点

学生学习用恰当的语气和语速有条理地讲解，并尝试加入手势、动作、表情等让讲解更清楚。讲解者能根据听众的反应，对讲解的内容做调整。

四、活动对象

学生在之前的研学之旅中参观过中国客家博物馆，对讲解员的工作有一定的了解，但还未尝试过担任讲解员，于他们而言是一次新的挑战。

五、活动准备

教师：多媒体课件、学习单。

学生：填学习单、写提纲、制作讲解课件。

六、活动方法

教法：提问、启发、互动、讨论。

学法：自主学习、实地考察、合作探究。

七、活动时间

计划1课时完成教学。

八、活动过程

（一）创设情境，激发兴趣

学习指导语：同学们，梅州是客家人比较集中的聚居地之一，被誉为"世界客都"，同时也是国家历史文化名城、中国优秀旅游城市、国家园林城市、国家卫生城市、全国双拥模范城、中国自驾游最佳目的地、中国十大最具安全感城市、中国十佳绿色环保标志城市、广东首个宜居城乡示范城市。素有"文化之乡、华侨之乡、足球之乡、客家菜之乡"之称，同时还享有广东汉剧之乡、广东汉乐之乡、金柚之乡、单丛茶之乡、温泉之乡、长寿之乡、版画之乡等美称。近年来，也吸引了很多游客来我们梅州旅游，享受慢生活，也有越来越多的外来游客想了解我们的客家文化，那么中国客家博物馆就成了热门景点。博物馆是一座城市的地标，也是文化展示、输出窗口。里面的一件件文物、一个个展区，都在无声地讲述着客家历史文化。

现在，中国客家博物馆"爱我客家——小小讲解员"志愿者活动开始招募志愿者，我们不如抓住这个机会，把我们在这次实践活动中所了解和学习到的客家文化传播出去，让更多的人了解客家文化，弘扬我们的客家文化。

学生非常积极，跃跃欲试。

课前我们已经布置了任务，请同学们根据以往搜集、调查的经验，确定讲解内容，列提纲，自己尝试讲解。

要求：

（1）课前请学生围绕自己选择的主题，查阅、搜集文字及图片资料，也可以到实地去走访体验，观察景物的动态美和静态美。

（2）列提纲，确定从几个方面进行讲解，把要讲的做成课件。"我是客博讲解员"学习单见表6。

表6

讲解内容：	讲解员：
（1）列一列。 确定好讲解内容，围绕主题查阅、搜集文字和图片资料，也可以到实地去看看，筛选你搜集到的资料，列提纲。 （2）做一做。 根据自己的提纲，把讲解的内容做成多媒体课件，还可以准备一些图片、影像、音乐资料等，使讲解更加吸引人。 （3）讲一讲。 借助多媒体课件，自己先讲一讲。	

教师课前查看学生的提纲和制作的课件以及其他讲解辅助资料，挑选典型的作品。

学生拿出课前收集的资料以及所列的提纲，互相交流、讨论。

设计意图：综合实践活动课程强调学生要积极参加场馆体验，亲历社会实践，加深有积极意义的价值体验。通过中国客家博物馆"爱我客家——小小讲解员"志愿者招募活动，增强学生的服务意识，同时增强他们继承和弘扬客家优秀传统文化的责任感。

（二）观摩讲解视频，修改讲解内容

1.展示、交流学生的提纲

PPT出示：

（1）展示几位学生的讲解提纲，并请这几位学生自己介绍。

（2）比较以上学生的学习成果，引导学生学习用不同形式的提纲有条理地呈现讲解的内容。

学生认真观摩、倾听展示出来的提纲，并进行讨论对比。

2.学生代表尝试讲解，其他同学提出疑问和建议

（1）同学们，课前大家已经围绕自己选主题，借助提纲和课件，尝试练习了讲解。刚才，我们比较了两位同学完成的讲解提纲。接下来，我们请两位同学为大家讲一讲"客家大迁徙"。其他同学边听边思考，写下疑问或建议。

（2）学生讲解，其他学生倾听。

（3）交流疑问和建议。

学生代表上台尝试讲解，其他学生认真倾听，互相交流，提出疑问和建议。

3.观看专业讲解员视频，学习讲解要领

（1）我们先来观看一段中国客家博物馆职业讲解员的视频，看看讲解员老师是如何向参观者介绍客家大迁徙这一内容的，对你们有什么启发和帮助。（播放视频）

学生认真观看讲解员视频，并记录关键要点。学生对照讲解员老师和学生代表的讲解，互相交流学习，与老师共同总结讲解的注意要点。

（2）对比两位学生与讲解员老师的不同点之处，学生讨论，交流学习心得、体会。

（3）师生共同总结，强调本次讲解的目标。（板书要点）

要点一：借助课件，按一定的顺序（或几个方面），有条理地讲解。

要点二：运用恰当的语气、语速，可适当加上手势、动作、表情。

学生根据要点进行自由练习。

4. 学生自己练习

设计意图：通过对比讲解员老师和学生的讲解，学生更容易发现不足，查缺补漏，使学生在交流、讨论中更好地学习讲解要领。

（三）组内协作，合力齐修改

1. 小组练说，交互评价

（1）小组合作要求。

PPT出示：

① 成员逐一讲解，组员在评价表上打星。

② 一个人讲解完，其他成员依次提出疑问或建议。

③ 根据同学的反馈，对讲解内容进行调整。

（2）出示"我是客博讲解员"评价表，见表7，为小组组员打分。

表7

讲解员：	总分：
围绕主题，条理清晰，有逻辑性。（3分）	
声音响亮，语气、语速恰当。（2分）	
有听众意识，适当使用手势、动作、表情。（3分）	
借助多媒体课件，配有与主题相关的图片。（2分）	
温馨提示：实践控制在3分钟内。	

（3）学生小组互动交流时，教师参与互动评价，并根据讲解的要点做相应的指导。

提示：引导学生在小组中进行充分的交际实践，关注学生在交际中的言语质量和情感态度。

各小组按照要求自由活动。

2. 随机采访，关注交际的实效

（1）小组内得星少的同学（1~2名）：通过小组活动，你觉得自己的讲解少了什么？小组成员向你提出了哪些建议？你准备对你的讲解做哪些改进？

（2）小组内得星最多的同学：你有什么经验要和大家分享？

同小组成员互相评价、交流。

3. 小组协作，完善讲稿

设计意图：此环节突出学生的主体地位，让每个学生都参与其中，在互相评价、互相借鉴中让学生发现自身问题，共同进步。

（四）展示评议，提升交际水平

（1）选取一两位小组代表在全班进行讲解。

① 学生讲解，教师提示其他同学要认真听。

提示：点评时要目视同学，先说优点，再提建议，这样别人会更容易接受你的观点；被点评时要有所回应，别人夸奖你应当表示感谢，别人给你提出的建议要虚心接受。

② 学生上台讲解，教师相机指导学生讲解中出现的问题，并扮演听众角色，引导学生根据听众的反应，对讲解的内容做调整。

预设情况一：学生带资料上台讲解。

点拨：生活中，讲解员一般是不会带着稿子来做讲解的。如果讲解的内容比较多，除了列出提纲外，还可以做一些小卡片，列出讲解的关键信息，提示自己。

预设情况二：教师设置不同的障碍，引导学生做出调整。

例如，教师故意皱眉或摇头，作不解状。（或说我对……很感兴趣，你能讲讲吗）

（预设学生做出调整）学生礼貌应答"您有什么不明白吗"，或调整讲解的内容。

③ 讲解完，组织其他学生进行点评，教师相机指导。

点评的重点：讲解条理是否清楚，语气、语调是否适当，是否用动作、表情辅助讲解，是否能根据听众的反应做出一定的调整。

学生点评交流。

（2）小结：讲解需要与人保持互动。如果发现有的内容听众不感兴趣，可以简要带过，插入其他内容。如果听众有不解的表情或动作，可以礼貌地问"您有什么不明白的地方吗"；如果遇到自己无法解答的问题，可以大方地说"这个问题我也不清楚，回去我一定查找资料，争取下次能为您解答"。同学们，通过一次次完善讲稿和一次次讲解练习，相信你们一定能不断获得进步！

（3）引导评价，评选"班级优秀讲解员"，颁发证书。

（4）总结讲解方法。

学生认真听完小组代表的讲解，和老师及其他同学一起点评交流，并评选出"班级优秀讲解员"，获奖的同学非常开心。

设计意图：通过模拟现场可能出现的一些状况，提高学生临场应变能力，形成在实践中学习的意识，提高学生综合解决问题的能力。

（五）作业布置

请同学们继续修改、完善你的讲解提纲，熟悉讲解稿，课下多练习。

同学们认真回顾这节课的内容，整理笔记。

设计意图：通过课下的不断实践，让学生在讲解时更加自信大方。

（二）实施阶段

1. 书香端午，诵读经典

时逢仲夏五月天，中华儿女思屈原。离骚九歌贯千古，傲骨血脉越千年。我们举行了"书香端午，诵读经典"的活动，如图1、图2所示。我和学生一起诵读经典诗篇或是原创作品，以此缅怀屈原，重温历史，感受诗词中的端午民俗文化，欢度端午。

图1 　　　　　　　　　　　图2

端午节诗一首

703班　郭子越

绿色的粽叶，

像饱满的小船，

载着满满的幸福。

香甜的糯米，

粒粒晶莹饱满，

带着数不清的美味和心血。

古朴的雄黄酒，

香味醇厚、浓郁,

载着男子汉的豪爽与酿酒人的匠心。

威武的龙舟,

龙头炯炯有神,

龙身笔直修长,

船夫孔武有力。

粽子,

雄黄酒,

龙舟,

被一根草绳连在一起。

一牵,

就牵出一段历史。

屈子、楚王,

奸臣、百姓,

恍若一场精彩的大戏。

时光荏苒,

岁月如梭。

汨罗江的水变浅了。

百姓口中的故事变多了。

历史留下的烙印变深了。

唯一不变的,

是那满怀报国热情的一腔热血。

过端午,忆屈原

703班　张昕睿

轻轻将艾叶挂在门旁,

静静品闻它的苦香。

思绪渡过历史长河,

回到千年前的汨罗江。

毅然投江的悲愤,

壮志未酬的遗憾。

不止一次在心中流淌,

有了他们

才有我们今天金黄的粽子，

和享受生活的时光。

粽香里的端午

704班　张羽彤

粽叶清香，

艾草微苦，

酒香荡漾。

勾勒端午图景，

梦回千年以前。

伫立江边，

哀叹国亡的身影。

他慨曰：哀民生之多艰。

他高歌：虽九死其犹未悔。

江面阵动，

世间颤抖。

数载春秋暑寒，

他芳名流传，

正因他之如香草。

回到眼前，

粽子的清香静静流淌，

在岁月中散发独特的韵味。

2. 品味端午，粽香情浓

为减负增智，提高学生劳动技能，每逢传统佳节，我校都会布置学生通过制作传统美食的方式切身感受中国传统节日的内涵，如图3、图4所示。这一次活动，同学们在包粽子的实践中了解民俗、传承民风、认同传统文化，如图5至图7所示，同时也锻炼了动手能力和学习能力。

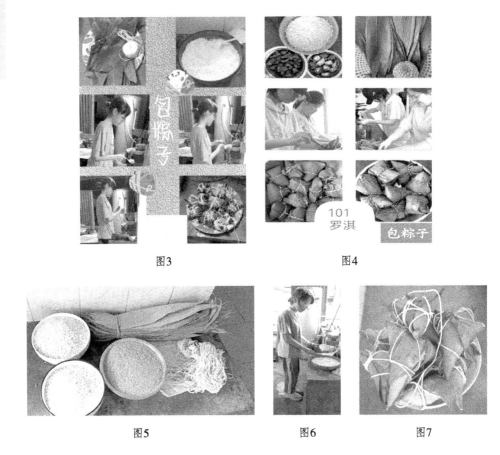

图3   图4

图5   图6   图7

除此之外，我们还发起了"一叶一粽总关情"的公益活动，我们的学生将包好煮好的粽子分发给附近的留守老人，如图8、图9所示。一颗小小的粽子，不仅承载着家国情怀，蕴含着民俗文化，也融入了孩子们的一片爱心。

图8   图9

3. 多彩端午，口述民俗

各地节庆习俗各不相同，为了更深入了解客家人过端午的习俗，我带着学生去中国客家博物馆采访工作人员及游客，听他们讲有关客家独有的端午习俗。在这个参观及采访过程中，培养了学生与人合作沟通的能力，也提高了学生学习历史的兴趣，如图10所示。

图10

4. 浓情端午，香囊传情

自古以来，佩戴香囊是端午习俗，寓意消毒、驱虫、驱邪祛病。为此，我们举行了手工DIY香囊活动，如图11至图13所示。老师先讲解香囊的有关知识，介绍制作香囊的步骤，然后同学们自己动手制作属于自己的香囊。

图11

图12

图13

5. 魅力端午，行走客博

"双减"政策下，正是劳动教育"做加法"的重要时机。通过本次活动，学生体验到了端午节习俗，打开了一扇了解中华优秀传统文化的大门，同时也增强了学生的文化自信和民族自豪感，如图14所示。

图14

【活动反思】

通过一系列活动，学生知晓了千年客家文化，学会了粽子的制作，了解了端午赛舟、家里挂葛藤、人们身上挂香囊的习俗。

传非遗节气，育文化自信

广东梅县东山中学　曾菊珍

【活动理念】

项目式学习是学生综合运用多学科学习成就进行自主学习的一种综合性、活动性的教育实践形态。要完成某一个"任务项目"，学生需要调动认知、动作、情感等多方面的参与，需要进行多种学习活动，包括观察、收集信息、记忆、讨论设计、制作、汇报等，单一的学习手段和方法是不能解决问题的。它的主要特点可以由图1呈现。

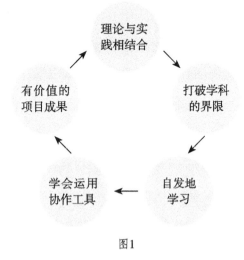

图1

因此，借助项目式学习，分散的知识得以整合，知识、技能、情感态度等各领域得以打通，学生综合素养的提升就有了机会。在实施过程中，根据项目式学习的综合性特征，基于真实的问题情境，教师就可以根据具体的学习任务设计跨学科的学习主题，有机整合相关内容的学习，让学生有机会利用不同学科的知识解决问题，从而克服学科之间难以融合的壁垒，通过学习方式的转型实现不同学科的整合。

【活动背景】

（一）新课改新要求，语文核心素养新发展

通过语文新旧课标对比，我们可以发现有几个明显的变化。

1. 新增核心素养内涵，分为四个方面：文化自信、语言运用、思维能力、审美创造。

2. 课程内容全部更新。

（1）新增主题项目式与载体形式，将中华传统文化、革命文化融入课程，增强课程思想性。

（2）新增6个语文学习任务群，特别提到要有"拓展型学习任务群"，专门设置"跨学科学习"。新课标增强课程的综合性、实践性，引导育人方式变革，着力发展学生核心素养。要落实重大主题教育，更好发挥育人功能，依托课程，开展跨学科主题式的教学，坚持与时俱进，更新课程内容，体现课程的时代性。

（二）独特的项目式学习方式

这一学习方式适应新时代的发展，以课程目标为依归，恰恰为当下增强这一课程的综合性、实践性，引导育人方式变革，着力发展学生核心素养提供了合适的个案。

（三）"减负提质"和"家务劳动"双融入

从学生的需求与兴趣出发，以丰厚的文化底蕴激发学生的想象力与创造力，提升学生艺术鉴赏与审美能力，以增强课堂学习与社会生活的有机结合为目标设计，充分开发校园的学科资源，设计主题项目式跨学科的活动实践，带领学生走出书本，走进生活。使学生深入了解节气文化、节气美食、节气习俗，把"优秀传统文化教育"与"活动实践""家务劳动"相结合，开展特色综合实践活动，也回应了"双减"政策下的"减负提质"号召，通过建设开放而有活力的语文课程，让学生在语文实践中学习语文，热爱生活，热爱中华优秀传统文化，从而全面提高学生的语文素养。

基于以上四点，我们开发了以二十四节气为主题项目式融合多学科的实

践活动课程：以节气探究为契机，弘扬中华优秀传统文化，同时注重地理、生物、美术等跨学科的联动，为学生搭建多样化的学习与展示平台。

【活动目标】

1. 知识融合目标：学生在跨学科综合实践活动中熟练运用地理学知识去认识相关气候、时令知识，对学生进行美育培养，让学生过有诗意、有仪式感的生活，如清明可追忆可踏青，端午香囊制作等。通过观察太阳周年运动，认知一年中时令、气候、物候等方面变化规律所形成的知识体系和社会实践，使学生识记有关二十四节气的基本知识，领会与二十四节气相关的自然规律，体验大自然的神奇变化，感受古老的中国智慧。在认识节气物候生长与特征时穿插了生物学的辨认物种的知识，让学生亲手体验先民智慧地运用二十四节气进行因地制宜的农业生产，也亲身体验当地特产水果，如柚子精油提炼、柚子茶制作；了解与二十四节气相关的民俗文化，制作诗意化的植物名片，欣赏节气诗词谚语，亲手制作节气绘本，在培养学生民族文化自信的同时树立了正确的人生观、价值观。

2. 能力提升目标：激发学生自主学习和知识迁移的能力，如绘制校园优化路线图；提高学生对书本知识的理解、应用与跨学科整合的能力，如制作美观的校园树牌；分析这些物候植物分布的自然地理条件，提升学生信息搜集与处理的能力，如利用书籍、网络、口述等各种途径整理节气诗词谚语；培养学生欣赏民俗文化、诗词文化的欣赏能力；提升学生语文综合素质的核心素养；提升学生分析与解决问题的能力，如探究制作节气文创作品、节气绘本，分析问题设置的合理性、科学性和有效性；多形式促进学生表达与交流的能力，如进行各种项目式学习成果的展示、交流及评价。

3. 情感教育目标：尝试从身边的校园环境作为切入点，让学生认识节气，形成对国家和民族的优秀传统文化的认同感，增强学生民族文化的自信，从而落实家国情怀素养。通过充分挖掘身边的学科资源，整合、弘扬优秀传统文化，呼唤有志青年刻苦学习，增强文化自信，情系家园，胸怀天下，怀有坚定矢志不移为国家为社会做贡献的决心。

《中小学综合实践活动课程指导纲要》指出，综合实践活动课程的目标是价值体认、责任担当、问题解决、创意物化。本主题活动要把四大目标有机整合为以上三维目标，通过系列活动达到预期目标。

【活动重难点】

重点：让学生了解中华民族传统节日的由来和习俗，掌握非遗文化内容。

难点：培养学生树立文化自信，物化活动成果。

【活动对象】

七年级的学生刚进中学，对新学校的认识还比较陌生，对新同学、新班级、新学校满怀好奇。如何更深入地了解同学？如何组队？如何合理分工、设计完成任务？虽然小学阶段已有一定的综合实践的活动课程学习，但由于各小学综合实践活动课程开设的水平不同，学生水平差异很大，各种自主性学习方法、手段以及团队合作能力都参差不齐，对于综合实践课程需要掌握的如查阅和整理文献方法、设计与制作方法、实地考察方法、活动方案设计、展示分享方法等研究方法还比较薄弱，有必要对学生进行必要的适时的方法指导。这都是活动课程需要思考的地方。

【活动准备】

各项主题活动基本按照图2设置准备、设计相关的活动，每个阶段活动具体准备设置，节气主题目标。

图2

具体操作有以下几个步骤。

确定每阶段任务：

任务1：确定主项目下的小项目主题活动

结合我校学科丰富资源，教师通过调查、整合、研究等方式从我校学生群体出发，了解学情、学生对优秀传统文化的兴趣程度以及学生对语文学习融合生活实际能力等情况后，与学生进行共同探讨，如何在项目开展中围绕主题，落实非遗节气知识学习，最终确定以"非遗二十四节气"为大主题的各类小项目式主题。

做好家长、学校的宣传和发动工作，以便为活动的顺利开展争取更大支持。

任务2：分解每个小项目主题活动的学习目标

基于《关于全面深化课程改革落实立德树人根本任务的意见》和《中国学生发展核心素养》要求，结合各学科的最新《课程标准》、学科核心概念和核心素养、结合项目实施当前的教学进度，依据项目式学习理论、最近发展区理论和"深度学习"理论等，确定知识融合目标、能力提升目标和情感教育目标，从而把综合实践活动课程的目标"价值体认、责任担当、问题解决、创意物化"有机整合，通过系列活动达到预期目标。

任务3：确定项目实施流程

（1）确定主题项目，做好综合学科融合的研学活动准备。（根据主题项目为学生准备必要的工具和材料）

（2）组织综合学科融合研学活动。

（3）进行回顾分享、展示与交流。

（4）总结、反思和推广。

任务4：提前预判问题，做好研学其他方面的准备

教师做好各方面的准备，申报学校批准，争取资金支持，制定安全手册和紧急预案，提供研学方面的知识（安全纪律教育、节气知识、研学中可能要用到的学科知识），进行研学宣传。学生进行相关的基础知识储备。

广东梅县东山中学校园红色行研学安全应急预案手册

本次红色研学活动范围主要在东山中学校园内及校园周边，学生活动半径较小，但研学的重中之重依然是保障参与学生的人身安全，为此特制订本安全预案，明确安全管理目标，制定安全保障措施，建立安全管理网络，落实安全责任到岗，全面保障学生在研学过程中的安全。

一、安全管理目标

消除一切安全隐患，杜绝一切意外伤害事故。

二、安全保障人员及职责

（一）安全总指挥：李彩娥

（1）全面负责研学项目的安全管理，确保安全目标实现。

（2）负责协调、管理、监督、督导各岗工作执行。

（3）及时解决和总结执行中的安全问题，并加以改进完善。

（4）对突发事件及时应对和解决。

（二）活动指挥：徐彩霞

（1）研学活动开始前对学生进行安全教育。

（2）落实研学活动各个环节安全管理的具体实施。

（3）及时解决活动执行过程中发生的各种安全问题。

（三）辅导老师：各学科负责老师

（1）定时查看小组成员人数确保无学生走散。

（2）沿途设置学生打卡点。

（3）对学生在各打卡点表现进行评价。

任务5：活动结束后的整理

（1）继续完善非遗节气主题项目式系列活动中的相关任务。

（2）对非遗节气主题项目式系列活动的成果展示进行必要的整理。

【活动方法】

查阅与整理，设计与制作，实地考察，团队合作设计，动手实践，展示、分享。

【活动时间】

2022年2月至6月。

【活动内容】

本课程以学生为主体，教师为主导，探究"前置课程+校园研学+体验式课程"的研学模式，语、地、生、美跨学科融合，"减负提质"和"家务劳动"双融入，开展校内非遗节气文化综合研究活动。通过研学活动，形成系列"非遗节气"主题项目式活动学习成果，落实主题项目式活动的相关节气知识、美食、民俗、诗词谚语的学习，助力爱国主义和中华优秀传统文化教育大众化、常态化、长效化，激励当代青少年传承优秀文化，以肩负强国一代文化自信的历史重任为目标。

【活动过程】

活动一：团队合作集素材

（一）时间

2课时。

（二）内容

（1）主动与同学沟通交流，选出组长。

（2）组建团队，培养团队默契。

（3）完成制作组徽的任务。

（4）查找、整理文献资料的方法指导。

（三）过程

课后任务布置：搜集整理有关"二十四节气"的资料，并尝试制作成思维导图。

讨论有关"组徽、组名"等的活动照片，如图3、图4所示。

图3　　　　　　　　　　图4

部分小组作品如图5、图6所示。

图5   图6

活动二：寻秋韵，激兴趣

（一）时间

2课时。

（二）内容

（1）品秋。

（2）寻秋。

（3）晒秋。

（三）过程

引导学生有创意地进行小活动的方案设计指导，见表1。

表1

观察对象					
观察时间			气候条件		
所处位置			周边环境		
观察要点	角度	整体	局部	联想想象	内心感受
	形状				
	颜色				
	声音				
	味道				
	质地				
	动态				
其他					

课后任务布置：制作有关"二十四节气"的思维导图，选择优秀作品进行展示。

学生分小组在校内考察，寻找专属秋天的韵味，让学生对节气、物候物种有直观而生动的认识，如图7至图9所示

| 图7 | 图8 | 图9 |

部分学生寻找并创作的"秋韵"作品，如图10、图11所示。

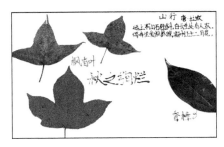

| 图10 | 图11 |

活动三：节气物候与植物认种

（一）时间

2课时。

（二）准备

1. 知识储备

（1）校园植物种类分布。

（2）有关描写校园内植物的诗词。

2. 活动策划

（1）各班学生先到教室集合，由各科老师布置活动分组安排以及学习任务、强调纪律等问题。

（2）三个学科的学生统一到剑英1栋楼下集合，分成三队，分三条路线开始校园植物认种活动。

（3）分组安排：

分为三个队：每队都有生物教师、语文教师、地理教师。

路线1：剑英校区1栋—校医室—体育馆—篮球场—剑英1栋。

路线2：剑英校区1栋—篮球场—体育馆—校医室—剑英1栋。

路线3：剑英校区1栋—花带三人亭—体育馆—篮球场—剑英1栋—校医室—剑英1栋。

（三）内容

（1）让学生认识剑英校区主干道上的各种植物，特别是物候植物，识别各种植物的特征，比如根茎叶，花果实种子的相关形态特征（生物知识）。

（2）让学生学习植物涉及的古诗词、谚语，节气物候植物（语文素养）。

（3）让学生学习引起植物形态特征差异、生长差异的相关地理知识（地理实践）。

（四）过程

生物老师详细介绍各种植物的特征和生长习性，如图12至图14所示。

图12　　　　　　　　　　图13　　　　　　　　　　图14

教学楼前的糖胶树、道路旁的细叶榕，还有绿化带的黄叶假连翘……学生认真聆听记录，深入了解这些与我们朝夕相伴的植物朋友，如图15至图18所示。

图15　　　　　　图16　　　　　　图17　　　　　　图18

学生地理方位辨认及植被生长差异的学习，如图19至图22所示。在校内主要干道旁，地理学科老师指导学生使用简易指南针方向仪判断道路走向，引导学生从光照条件思考校园内同种植物在不同光照条件下的生长差异，让学生初步了解光照条件对植物生长的影响：向阳背阴迎风背风，光照水分影响植物生长；上北下南左西右东，辨明方向才能走向正途。

图19　　　　　　图20　　　　　　图21　　　　　　图22

一根细线、一个水杯、一块小重物组合成简易指南针方向仪让学生们在简单的动手实践中探索方位的奥秘，如图23至图25所示。

图23　　　　　　　　图24　　　　　　　　图25

语文教师带着学生深入了解植物在古典诗词中的意象寓意、季节物候变化，如图26至图28所示。

图26　　　　　　　　图27　　　　　　　　图28

一枝一叶总关情。古代文人总爱在吟诗作赋时感叹时光流逝、草木兴衰，也正因此古典诗词蕴藏了许多节气的智慧。语文组教师提前收集与校园植物相关的诗词资料，在活动中深入讲解，让学生更觉万物有灵，草木有情。

课后任务布置：任选一种植物，深入研究，调查其形态特征以及生长特性，涉及的人文知识、古诗词等，撰写该种植物的介绍，可制作成讲解视频或制成PPT介绍，也可以制作成植物名片，感受植物的奇、趣、美。

活动四：一草一木皆有名——植物名片设计

（一）时间

2课时。

（二）内容

（1）节气物候植物特征的认识。

（2）相关植物的诗词赏析。

（3）创意设计制作植物名片。

（三）过程

语文教师结合美术教师进行植物名片设计指导，如图29、图30所示。

图29   图30

学生设计、制作植物名片，如图31至图33所示。

图31   图32   图33

活动五：品时令水果，赏诗情画意

（一）时间

2课时。

（二）内容

（1）节气水果生长气候条件介绍，节气零食制作介绍。

（2）赏析相关水果或零食的诗词。

（3）拼美盘、赏诗情、品美味，如图34至图36所示。

图34　　　　　　　　　图35　　　　　　　　　图36

（三）过程

诗意拼盘讨论、制作，如图37至图39所示。

图37　　　　　　　　　图38　　　　　　　　　图39

诗意拼盘成品展示，如图40至图42所示。

图40　　　　　　　　　图41　　　　　　　　　图42

活动六：一候一物总关情：冬至

（一）时间

2课时。

（二）内容

（1）知习俗，做美食，赏美食。

（2）整理部分学生、家长的照片分享。

（3）让学生了解"数九"习俗。

（4）珍惜、感恩——冬至情意暖，人间小团圆。

（三）过程

家长分享的照片，如图43至图48所示。

图43　　　　　　　图44　　　　　　　图45

图46　　　　　　　图47　　　　　　　图48

《数九歌》简洁易懂，蕴含着古人漫长的冬日消遣和对终会到来的春日期盼。学生再次重温儿时的数九歌，体会节气循环中的中国智慧。

"写九"所写的是"亭前垂柳珍重待春风"，这九个字，每个字（繁体）都是九画，每天写一画，写完这句话，春天便来了。

民间素有"画九"的习俗。在纸上画出一支梅花，名曰"九九消寒图"，老师在上课时展示。梅上共有八十一片花瓣，每天涂色一瓣。花瓣染尽，就是"出九"之日。

珍惜、感恩——冬至情意暖，人间小团圆。

活动七：节气文创制作

（一）时间

2课时。

（二）内容

（1）让学生根据节气三候图片展示进行猜节气抢答。

（2）发掘节气文化资源中的民族文化自信的精神内涵。

（3）文创产品的设计与制作。

（三）过程

语文教师和美术教师完美联动，如图49至图51所示。

图49　　　　　　　　　图50　　　　　　　　　图51

部分优秀节气文创作品，如图52至图54所示。节气文创作品还上了学校优秀作业展览榜。

图52　　　　　　　　　图53　　　　　　　　　图54

活动八：我们的节气我们的诗

（一）时间

4课时。

（二）内容

（1）对清明节气的了解。

（2）缅怀叶帅，弘扬爱国主义精神。

（3）叶帅诗词朗诵比赛。

（三）过程

我们的诗朗诵。

现场朗诵：初一（2）班姚秋苑、丘梓姗、杨云茗，如图55所示。

初二（1）班李铭轩、唐果、李奕烨，如图56所示。

初一（7）班黄钰雯、谢欣宏、何欣怡、何炜，如图57所示。

图55   图56   图57

我们的高光时刻，如图58、图59所示。

图58   图59

活动九：绘本制作：花木管时令，鸟鸣报农时

（一）时间

3课时。

（二）内容

（1）让学生了解设计及制作绘本的方法。

（2）发掘节气文化资源中的民族文化自信的精神内涵。

（3）让学生设计及制作绘本。

（三）过程

"花木管时令，鸟鸣报农时"教学过程图片，如图60至图62所示。

图60　　　　　　　　图61　　　　　　　　图62

【活动结语】

在校园内开展"非遗节气主题"的综合案例，充分利用校园资源，使学生了解多学科知识的融合学习，开展主题项目式学习活动，搭建学生思维发展的辅桥。

校园美，诗韵浓，节气的智慧体现在草木生长、凋零、又获新生的轮回中，这些物候变化时刻提醒着我们"惜万物如己，爱万物繁荣"。学生们在跨学科校园综合实践活动中，感知身边的节气物候物种，认识二十四节气，不仅培养了他们的感知能力、实践能力，也提升了他们的审美意识，让他们学会发现节气变化中的中华优秀传统文化，领会与二十四节气相关的自然规律，体验大自然的神奇变化，感受中国古老的智慧。他们终将懂得，学习生活不只有眼前的试卷、作业，更有草木年生月长，陪我们一同历尽春暖秋凉、夏暑冬霜。

【实践创新】

本综合实践活动案例的创新之处有：

（一）聚焦综合素质，培养学生的创新精神和实践能力

让学生学会学习，提升学生的问题解决能力及创新实践能力，使学生能通过有意义的创造性活动，代替机械的识记、背诵。

（二）突出主体，促进学生自主学习和自我发展

能发展学生多元智能，培养学生的核心素养，超越单一学科能力的培养。培养学生的协作能力、批判性思考能力。

（三）贴近生活，增强学生的社会责任感和责任担当能力

有利于学生的学习、生活和职业发展，能让学生直面生活和世界的挑战。小组合作完成组合学科的课堂教学任务，合理利用有限的课堂教学时间，完美达到"减负增质"的教学目标。

（四）关注文化，传承和弘扬非遗文化、客家优秀传统文化

在节气主题活动中，我们注重挖掘二十四节气中的优秀传统文化和中华民族精神内涵，也适时结合我们梅州客家传统文化甚至岭南优秀传统文化灵活设置活动安排，我们力图在综合实践活动中运用、体现非遗文化、客家文化、岭南文化中的精华内容，让学生在主动探究、自主实践的活动过程中对其了解、认同、内化，甚至是再创作。增强学生文化自信、激发学生文化自觉，树立传承和弘扬中华传统文化的自豪感和自觉性，讲好中国故事，增强对民族文化的价值体认。

【活动评价】

活动评价包含参与意识、合作能力、探究态度、承担任务、独立精神五个内容，具体评价指标如图63所示。

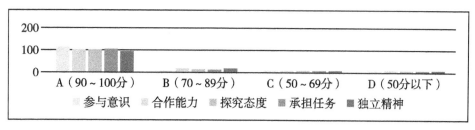

图63

附注：

任务1：参与项目的学生成员完成项目评价量表。

对项目组学生成员的参与意识、合作能力、探究态度、承担任务、独立精神进行个人自评、家长评价和教师评价。

任务2：项目小组成员和项目指导老师根据综合实践的成果展示的完成度给予等级评定。

主要是对参与综合实践的学生成果部分进行评价、交流和学习，并根据完成度给予等级评定，激励认真参与活动的成员。

附：

综合实践课程评价量表，见表2。

表2

活动主题项目式								
评价项目	评价标准				个人自评	小组评价	教师评价	备注
	A	B	C	D				
参与意识	主动积极	较为主动	能够参与	不参与				
合作能力	经常合作	很少合作	有时合作	不合作				
承担任务	全部完成	基本完成	部分完成	无法完成				
独立精神	非常强	较强	一般	较弱				
探究态度	严谨客观	较为认真	较为敷衍	漠不关心				

【活动反思】

"传非遗节气，育文化自信"校内研学课程在开展实践后，发现存在一些局限性。

项目式学习继承了设计教学法，正如设计教学法存在不足一样，项目式学习的内在的局限性也很明显。突出问题表现在两个方面：一是学生活动烦琐、耗时长；二是知识学习零散、不系统。而且为了让学生独立思考和自由活动，教师不能进行过多的干预，这让设计教学法倒向了极端的"儿童中心"。初中生的自主学习、合作探究能力尚未完全形成，项目的设计、实施不仅是他们的事，也是教师的事，学生是需要教师帮助的，学生无法自己独立提出"设计"学习的计划。学生项目成果的完成也需要教师背后的辅助与推动。

经过活动案例的实践，我们有如下建议：

（1）将项目式学习作为课堂教学的必要补充，根据不同学科的具体特征和教学任务灵活采用多种方式相结合的教学方法。所谓"尺有所短、寸有所长"，课堂教学是培养人才的主阵地，课堂教学经常采用的讲授法、合作法、讨论法等能够满足学生对学科知识的学习，但要培养学生的动手能力、创新思维等综合素养则需要采用更灵活的方法来进行。

（2）强化教师指导，在开展项目式学习过程中，教师不能对学生放任自流；相反，教师必须充分研究和整合课程内容，进行合理的主题设计，引领学生通过项目式学习尽可能取得更多的收获。

（3）充分利用信息技术手段，提高学生的活动效率。项目式学习最大的优点是直观、可体验，学生通过参与项目式学习能够明白书本上的知识概念是如何转化到现实生活和实物中去的。但是这种方式往往耗费时间。因此，为了提高效率，可以利用相关的信息技术手段进行演示和简化，同时也能提高学生的学习兴趣，吸引学生参与。

跨学科教研会如图64、图65所示。

图64

图65

高中实践活动案例

制陶绘陶，体验青花瓷工艺

大埔县田家炳实验中学　廖宁

【活动理念】

综合实践课程标准提出要培养学生的动手及动脑能力，强调学生要在动手操作实践中获得经历和体验。陶艺课是集雕塑、手工设计、思考和制作于一体的手工艺课程，兼具艺术性和实用性，学生在动手制作、自行构思时，能不拘时空地发挥想象，更好地激发学生的创造热情，让其从中领悟到劳动创造的快乐，有利于学生个性的发展。

【活动背景】

大埔是著名的"中国青花瓷之乡"，制陶历史悠久，距今有800多年的历史。如今的大埔陶瓷产业快速发展，工业园区更是遍布多个乡镇。但在和高一学生的交谈调查中，发现大部分的学生对家乡陶瓷的历史、生产工艺知之甚少。而陶艺课不仅是培养学生劳动技能、训练创造思维能力、提高审美能力和实际的生活能力的好方法，还是进行爱国主义、爱家乡等思想情感教育的有效载体。

所以我将青花瓷工艺定为此次综合实践活动课的主题，让学生通过体验青花瓷的工艺流程引发学生对传统文化、对家乡民俗的热爱之情。

【活动目标】

1. 让学生通过对青花瓷历史、制作方法的理论学习，对青花瓷有一个较全面的了解，借此引发学生对学习传统艺术的热爱。

2. 使学生了解青花瓷的艺术形式和基本特点，理解并熟悉青花瓷的工艺流程（原料选取→揉泥→做坯成型→坯体干燥→画坯→施釉→烧成成品）。各小组通过观摩学习、动手实操等12课时学习，能按照青花瓷的工艺流程创造性地制作小型青花瓷作品，培养学生的自信心和成就感。

3. 学生在合作中相互取长补短，共同进步，提高学生的动手能力、想象能力、创造性思维能力和集体合作能力，激发学生热爱艺术的兴趣，增强学生的民族自豪感。

4. 让学生了解本地民情风俗、传统节日与生活的关联性，使学生更能用心用情关怀乡土的习俗、信仰，进而培养其热爱家乡的情感。

【活动重难点】

重点是让学生了解本地陶瓷生产历史，难点是让学生动手操作，制作陶瓷。

【活动对象】

高一年级学生已具备了一定的综合实践能力，对问题有一定的探究、思考、分析、创造能力，但在探究课题的成果总结、将知识运用到生活中、动手制作生活用品等能力上有所欠缺，在小组成员之间的分工、合作等问题上还有待提高。因此，我侧重于提高学生的自主探究意识和团队协作能力，加强小组成员间的合作，让学生从生活和学习中领悟到劳动创造的快乐，在有效的活动中提高学生动手制作和创造的能力，不断提高学生的审美情趣，发展学生创造美好生活的愿望和能力。

【活动准备】

上课前，学生预先了解陶瓷生产历史和工艺，预先熟悉操作流程，做好安全防护措施。

【活动方法】

理论学习、实践操作、交流分享。

【活动时间】

12课时。

【活动内容】

准备阶段：学生分小组查阅资料。

实施阶段：包括"理论知识学习""实地参观，观摩工艺流程""揉泥""拉坯制陶""手捏制陶""手绘水杯""施釉""汇报交流会"八个环节。

【活动过程】

（一）准备阶段

1. 成立小组

学生自主成立了六个活动小组，为让实践活动课顺利开展，召集学生开了课前会议（如图1、图2所示），讲明此次实践活动课的目的、意义、开展的方式等内容，让学生对实践活动的内容有个初步的了解，知道自己要做什么。

图1

图2

2. 自主上网查阅资料

高一学生已初步具备自主学习能力，通过让学生上网查阅、搜集有关青花瓷知识的资料，让其对青花瓷历史、制作工艺有一个较全面的了解。

（二）实施阶段

第一课　理论知识学习

一、活动目标

通过让学生观看视频、聆听专家讲解大埔陶瓷特别是青花瓷的发展历史和青花瓷工艺的整个制作流程，引发学生对本地传统艺术学习的热爱。

二、活动准备

准备高岭石、高岭土、一只釉上彩的碗和一只釉下彩的碗，邀请专家开设与大埔陶瓷相关的知识讲座。

三、活动课时

2课时。

四、活动过程

先提三个问题，检查学生上网查找资料的情况，加深学生对大埔陶瓷历史和制陶工艺流程的印象。其次通过播放视频《大埔——中国青花瓷之乡》和知识讲座《陶瓷烧制技艺》，引发学生对大埔青花瓷这种传统艺术学习的热爱和自豪感。在此之前还通过两个问题"陶与瓷一样吗？它们的区别在哪里""技艺有哪四大工艺"来达到以问促思的目的。接着，用实物教学生辨认高岭土、高岭石、釉上彩和釉下彩的碗。最后让学生联系生活中自己接触过的青花瓷成品进行思考，如图3、图4所示。

图3

图4

第二课　实地参观，观摩工艺流程

一、活动目标

带领学生参观陶瓷生产车间和大师工作室，观摩陶瓷生产过程及工艺；参观电/气窑，了解坯体的烧制过程，与之前学习的理论知识结合起来，使学生对青花瓷的制作和烧制工艺有一个直观的认识。

二、活动准备

一盘高岭土、一盘普通的泥土。

三、活动时间

1课时。

四、活动过程

准备两盘土，让学生辨认哪盘为高岭土。然后按照做坯成型→坯体干燥→画坯→施釉→烧成成品的流程带学生进行实地参观，让他们更直观地了解青花瓷的制作工艺，如图5至图7所示。在参观过程中，不断地穿插一些工艺知识，比如"陶艺泥坯成型的制作方法""陶瓷成品在建筑、生活等方面的运用"等，让学生将陶瓷和现实生活联系起来。

| 图5 | 图6 | 图7 |

第三课 揉泥

一、活动目标

让学生掌握揉泥技巧，在工艺师的示范和指导下进行揉泥练习，感受、熟悉泥性，体会泥巴的干湿软硬，让学生明白"磨刀不误砍柴工"的道理，认识此道工序对于成型创作的重要性，培养学生的动手能力。

二、活动准备

准备揉搓过的若干团泥料。

三、活动时间

1课时。

四、活动过程

先让学生明白揉泥的重要性，学会判断泥可塑性的方法，然后边讲解揉泥方法（菊花形揉泥法和羊头形揉泥法），边示范揉泥动作，接着让学生练习揉泥，感受泥性即在搓、揉、压、推等过程中，因泥巴的干湿度不同而产生软硬不同的变化，泥土由粗糙到细滑的变化以及泥土的可塑性，如图8、图9所示。

| 图8 | 图9 |

第四课　拉坯制陶

一、活动目标

掌握陶艺坯体中拉坯的基本成型法，小组成员齐心协力，共同合作动手制作喜欢的作品，激发学生的创造热情，培养学生动手能力、创造能力、集体合作能力，增强学生团体合作意识。

二、活动准备

拉坯机6台，揉搓好的泥料若干团。

三、活动时间

2课时。

四、活动过程

先让学生明确拉坯成型法适用于制作哪些产品，然后讲解拉坯的具体步骤，接着各小组成员认真观摩学习拉坯手法，并进行坯体制作，最后展示小组合作完成的作品，如图10至图12所示。

图10　　　　　　　　　　图11　　　　　　　　　　图12

第五课　手捏制陶

一、活动目标

让学生掌握陶艺坯体中手捏泥成型法，小组成员按个人喜好手捏泥坯坯体，加强学生对泥土的感受，并使其将制作工艺与学生的生活经验紧密联系起来，激发学生的想象力和创造热情，发展其创造美好生活的愿望与动手能力。

二、活动准备

桌台6张、报纸若干张、揉搓好的泥料若干团、一些雕塑小工具。

三、活动时间

2课时。

四、活动过程

让学生知道如何挑选泥料以及了解制陶时长的要求，然后任由学生发挥想象力创作作品，期间提醒学生注意泥的湿度，避免泥过硬或过软，最后展示独具个性的作品，如图13、图14所示。

图13   图14

第六课　手绘水杯

一、活动目标

学生按照事先绘好的图案，运用各种线条、图案在风干后的素坯坯体上进行手绘创作，让学生体验绘制青花瓷的乐趣，创作时能使学生体验色彩和图案对称带来的均衡美感，提高其视觉审美能力和表现美的能力。

二、活动准备

海绵、水杯泥杯40个、青花瓷颜料、铅笔、毛笔、笔洗盆和清水。

三、活动时间

2课时。

四、活动过程

先让学生明确釉下彩绘前过水清洗泥坯这一重要工序的目的、方法及注意事项，并观摩学习过水清洗泥坯的步骤。学生实操过水清洗泥坯后，将构思的图案画在水杯坯体上，再将色料填充在图案内，如图15至图17所示。

图15   图16   图17

第七课　施釉

一、活动目标

让学生了解施釉的工艺、施釉的目的以及陶瓷生产过程中几种常用的施釉方法，使学生能在观摩学习中，学会施釉的步骤，并进行实操，以此培养学生对陶艺坯体进行艺术处理与设计表现的能力。

二、活动准备

之前手绘的水杯、盘子泥坯、花瓶泥坯、釉浆、舀子、海绵。

三、活动时间

1课时。

四、活动过程

使学生知道什么是施釉工艺、施釉的目的以及常用的几种施釉方法，然后观摩学习三种不同的施釉方法，使其能对之前手绘的水杯进行施釉，如图18、图19所示。

图18　　　　　　　　　　　图19

第八课　汇报交流会

一、活动目标

各小组通过展示青花瓷制作成品，简述创作意图，增强学生的成就感和自信心，使其养成尊重传统文化的审美意识；通过分享此次综合实践活动课学习体会与心得，加深学生对青花瓷制作工艺流程的印象，增强学生对身处"青花瓷之乡"的自豪感，激发学生对家乡的热爱。

二、活动准备

之前拉坯、手捏、手绘后烧制的成品。

三、活动时间

1课时。

四、活动过程

各小组代表先展示青花瓷制作成品（拉坯、手捏、手绘作品的其中一样），简述创作意图，再分享本次青花瓷工艺制作流程综合实践活动课带来的艺术感受或人生体验，最后畅谈此次活动课后对于大埔青花瓷的进一步认识，如图20、图21所示。

图20　　　　　　　　　　　　　　　图21

【活动反思】

优点：本次综合实践活动课以学生自主操作为主，教师和实践基地工作人员指导为辅，不仅充分发挥了学生的主体作用，而且融合了劳动教育理念，契合时代要求，让学生走出校园，贴近实际生活。在活动准备阶段，大部分学生能够根据主题课导学案的问题，认真学习，利用网络查找青花瓷历史、制作工艺等相关资料；在实操阶段，学生积极参与每一项流程，比如在动手制作坯体时，学生或自己构思或小组合作创作，既发展了学生的个性，又培养了他们的团队合作意识、协调能力；在分享交流阶段，学生将实践课的体验、人生感受和地域文化相结合，加深了对家乡文化的认识，激发了爱家乡的情感和身处"青花瓷之乡"的自豪感。

缺点：此次综合实践活动课，一是因时间、地域限制、学校实际等情况，未能面向全体学生开展；二是泥坯风化需要10天时间，所以学生手绘的泥坯由实践基地提供，自己动手制作的泥坯绘图也由工作人员完成。

梅州侨批文化的保护与传承

广东梅县外国语学校　纪冰璇

【活动理念】

以"弘扬侨批史上的重要文化遗产、促进侨批史研究、展示海内外侨胞赤子之心"为宗旨，通过举办一系列活动，使侨批史上的重要文物、文献能够被有效保护与利用，使其精神得到继承与发扬，积极推动侨批研究，扩大侨胞爱国主义情怀和爱国精神。

【活动背景】

在明朝至民国时期，战乱不断，民不聊生，许多沿海地区的人民迫于生计选择下南洋谋生。在下南洋的浪潮中，福建、广东人口占据大多数。其中，梅州地区多江河，距离南洋较近，更有利于人们通往南洋。这些下南洋谋生的侨民，抵达异国他乡后无比思念家乡，于是他们以"银信合一"的方式作为物质载体，将深厚的爱浓缩到寄回家乡的包裹中，也就是侨批。侨批既有在外打拼的血汗钱，又有家书。为了让青少年能了解侨批的历史价值，我们小组进行了一番探究活动。

本活动以"梅州侨批文化的保护与传承"为探究主线，以实地考察、调查访问、资料收集等作为活动的方式，引导学生在探究过程中了解侨批的历史、发展以及其中蕴含的爱乡意识，从而在学生心中种下传承客家文化的种子。

【活动目标】

1. 通过现场参观侨批展览馆，采访相关人士，让学生了解侨批的历史价值。

2. 责任担当。通过了解侨批，使学生认识侨批文化的历史价值，形成自觉、自主地传承侨批文化、保护历史文物的意识。

3. 问题解决。学生发现并提出感兴趣的问题，把问题转化为研究课题，体验课题研究中"提出问题、确定主题、策划方案、实践调查、总结汇报"的整个过程，掌握搜集资料、小组讨论、观察采访等活动方法。

4. 创意物化。学生掌握制订研究方案的基本技能，并把摄影、制作电子问卷、制作课件等信息技术运用到实践中。

【活动重难点】

重点是让学生了解侨批历史和意义，难点是如何保护侨批和传承文化。

【活动对象】

高二侨批文化兴趣小组学生。参与实践的学生是高二历史班的，对历史有较为浓厚的兴趣，历史基础知识较为扎实。同时经过高一两次研学活动，他们已经掌握一定的调查访问、资料收集、撰写报告的技巧。

【活动准备】

学生预先了解侨批历史，并准备好相关的装裱工具。

【活动方法】

参观、整理资料，装裱。

【活动时间】

2022年2月至6月，共计12课时。

【活动内容】

"梅州侨批文化的保护与传承"活动内容见表1。

表1

阶段	活动主题	课时安排	活动内容
准备阶段	确定选题	1课时	了解侨批文化。 了解梅州地区侨批保护的现状。 确定选题：梅州侨批文化的保护与传承。
	学习技能，查阅资料	1课时	了解收集资料的方法。 初步收集资料。

阶段	活动主题	课时安排	活动内容
实施阶段	研究方案设计	2课时	了解研究活动的环节。 设计调查问卷。 设计参观计划。 设计访谈提纲。 完善研究方案。
	问卷调查	1课时	通过问卷星发布问卷。 积极动员群众填写问卷。 回收问卷，分析数据。
	实地走访	2课时	实地参观博物馆。 对相关人物进行访谈。
	装裱侨批	2课时	提出保护侨批的建议。 动手装裱侨批。
总结阶段	报告撰写	2课时	了解研究报告的组成部分。 撰写研究报告。
	项目展示，交流分享	1课时	制作PPT，分享实践成果。 交流研究的经验和遇到的问题。

【活动过程】

（一）准备阶段

第一课　确定选题

一、活动背景

侨批，是海外华侨通过海内外民间机构汇寄至国内的汇款暨家书，是一种信、汇合一的特殊邮寄载体。侨批既体现了华侨在外打拼的艰辛，又包含有家书的内容，以及其中所蕴含的亲情文化、地域文化、民族精神。为了更好地了解侨批的历史价值，兴趣小组进行相关的研究。本节课旨在指导学生如何就"梅州侨批文化"这一主题确定选题。

二、活动目标

（1）价值体认：让学生了解梅州侨批背后的故事及深刻的时代痕迹，培养学生爱国爱乡精神，为自己是中国人而感到自豪。

（2）责任担当：在小组合作中，培养学生与人交往、沟通、合作的能力。

（3）问题解决：让学生通过多种途径搜集关于梅州侨批的资料，学会整理、分析信息，提出探究主题。

（4）创意物化：使学生初步掌握资料搜索、整理、分析、提炼的技巧。

三、活动重难点

重点：让学生掌握多种途径收集信息和资料的方法，学会提炼主题。

难点：使学生能够通过分析材料提炼主题。

四、学情分析

作为侨批文化兴趣小组的同学，同学们对侨批文化有一定的兴趣，历史基础知识较为扎实，同时经过高一一年的学习，组员之间熟悉度较高，便于开展合作探究。同时他们作为高二历史班的同学，经过高一两次研学活动，已掌握一定的调查访问、资料收集、撰写报告的技巧。因此，本次调研活动主要采用自主探究、小组合作的方式指导学生进行。

五、活动准备

PPT课件、关于侨批的影像、文本资料。

六、活动过程

学生活动1：观看"'一纸侨批'人文纪录片"视频，自由讨论初次了解侨批的感受。

教师指导：教师创设宽松的情景，激发学生对侨批的兴趣，同时通过视频，使学生初步了解侨批的相关基础知识，结合学生的回答，延伸思考问题，拓宽学生思路。

学生活动2：观看打捞"世界记忆遗产"的山里人》视频，了解梅州地区侨批文化的情况及保护现状，提出自己感兴趣以及想进一步了解的问题，确定自己要研究的内容。

教师指导：让学生自由地提出自己感兴趣的问题，教师随机对学生提出的问题进行提示、梳理，归纳成若干个问题，引导学生明确要研究的问题。

学生自由讨论，从几个备选题中选出最终选题。

教师指导：教师指导学生提出的问题中哪些是目前有条件研究的，有哪些是没有意义的。

第二课　学习技能，查阅资料

一、活动背景

我校高二级同学提出开展梅州侨批文化的相关活动，本节课旨在指导学生如何就"梅州侨批文化的保护与传承"这一选题查找相关资料。

二、活动目标

（1）让学生研究侨批，了解其背后的故事，修复保护侨批，强化学生的爱国之情。

（2）责任担当：在小组活动中，培养学生关心他人、社区和社会发展的意识，使学生形成主动服务他人、服务社会的情怀。

（3）问题解决：使学生通过多种途径搜集关于梅州侨批的资料，学会整合信息。

（4）创意物化：让学生掌握多种途径收集信息和资料的方法。

三、活动重难点

重点：使学生掌握多种途径收集信息和资料的方法。

难点：使学生掌握多种途径收集信息和资料的方法。

四、学情分析

经过第一节课的学习，同学们对侨批文化有了一定的了解，同时有了明确的探究方向。

五、活动准备

PPT课件。

六、活动过程

教师指导：上节课我们确定了研究的主题"梅州侨批文化的保护与传承"，接下来，我们需要为这个选题收集资料。我们收集信息和资料的方法有很多，请同学们分组讨论可以采用哪些方法收集资料。

学生活动1：分组讨论可以采用哪些方法收集资料。

教师指导：上网搜集资料。

实地考察：侨批博物馆。

访谈：侨批博物馆工作人员、华侨家属等。

设计意图：指导学生了解收集信息和资料的多种途径，根据小组的情况选择合适的探究方法。

学生活动2：根据讨论出来的收集资料的方法，小组分工进行资料的收集。

教师指导：结合探究的主题进行网络资料的收集，注意网络安全，不点击低俗、非法的链接或广告。

学生活动3：学生将收集的资料汇总、归类整理，集中阅读，为之后的探究活动奠定基础。

教师指导：资料归类方法。

归类方法一：视频类、音频类、文本类、图片类……

归类方法二：侨批文化的背景、现状、保护方法、传承方式……

（二）实施阶段

第一课　研究方案设计

一、活动背景

侨批，是信与钱的结合，体现了华人华侨在海外打拼的艰辛，饱含着华人华侨热爱祖国、热爱家乡的家国情怀。我校高二级侨批文化兴趣小组的同学提出要开展梅州侨批文化的相关活动，并最终确定选题为"梅州侨批文化的保护与传承：以梅县区隆文镇及周边乡镇近百年侨批为例"。本节课旨在指导学生如何开展研究活动，制订研究方案。

二、活动目标

（1）梅州的侨批体现了我们在海外的华人华侨热爱家乡、关心祖国发展的爱国之心。

（2）责任担当：在小组活动中，培养学生主动服务他人、服务社会的情怀。

（3）问题解决：让学生通过整合收集到的资料，结合探究主题，设计研究方案。

（4）创意物化：使学生学会制订研究方案，并运用多媒体技术实施研究方案。

三、活动重难点

重点：让学生学会设计研究活动方案。难点：学生开展研究前需要做的准备以及注意事项。

四、学情分析

经过前两节课的学习，同学们对侨批文化有了一定的了解，有了明确的研究方向，为接下来研究活动的开展做了一定准备。

五、活动准备

PPT课件。

六、活动过程

教师指导：通过上节课的学习，同学们通过上网搜集资料和实地参观梅州市侨批博物馆，获得了一些开展探究活动前必备的背景知识。在正式开展研究活动前，我们还需要做哪些准备？研究活动有哪些环节？

学生活动1：小组讨论，设计研究活动的环节。

教师指导：研究活动包括问卷调查、实地参观博物馆、人物采访等，在开展这些探究活动前需要做什么准备？

学生活动2：分组讨论问卷调查、实地参观博物馆、人物采访开展前分别需要做哪些准备。

教师指导：

（1）问卷调查的准备：设计调查问卷的问题；学习问卷星等软件，发布问卷；动员群众填写问卷；回收问卷，分析数据。

（2）外出实地考察的准备：确定外出路线、出行工具，查看天气，准备记录工具，如手机、笔记本等；实地参观，做好笔记，拍照记录。

注意事项：提前与父母沟通外出计划，保持联系；出行时遵守交通规则，注意交通安全。

（3）人物采访的准备：与访谈对象提前沟通好时间、地点、访谈内容；准备好访谈提纲、访谈记录表和记录工具，如笔记本、相机或手机（照相、录音）；进行访谈，做好记录。

注意事项：访谈时注意礼仪，尊重访谈对象。

设计意图：具体地指导学生进行问卷调查、实地考察、访谈，让学生做好调研前的准备，特别是对安全注意事项进行强调。

学生活动3：小组讨论具体的分工，制订探究计划。

教师指导：引导学生制定具体的研究步骤，明确每一步骤的任务、时间、地点、负责人。

学生活动4：小组间进行调研方案的交流，完善研究方案。

教师指导：教师有针对性地进行指导，完善各小组的方案，提高学生研究方案的可行性。

附：探究活动记录表，见表2。

表2

探究课题			
时间		地点	
分工	拍摄： 记录：	探究方式（参观、访谈）	
活动记录	活动过程（笔记）		
	活动结果（收获、感想）		

第二课　问卷调查

一、学生活动

（1）学生通过问卷星发布问卷。

（2）积极动员群众填写问卷。

（3）回收问卷，分析数据。

二、学生使用问卷星软件制作的调查问卷

关于梅州地区侨批情况的调查问卷

为了了解在梅州地区生活的人对客家人"下南洋"这段历史以及侨批的了解程度，我们设计了以下调查问卷。

1. 您的年龄是（　　　）。

A. 10～20岁　　　　B. 21～30岁　　　C. 31～40岁　　　D. 40岁以上

2. 您知道客家人"下南洋"的历史吗？请谈谈您所知道的情况？（　　　）

A. 不知道　　　　B. 知道

3. 您认为客家人"下南洋"的原因是什么？（　　　）

A. 生活所迫　　　　B. 外出劳务　　　C. 社会动荡

D. 被拐卖　　　　　E. 其他

4. 您有海外的亲人吗？如果有，多长时间回国一次？

_____

5. 您知道什么是侨批吗？

_____

6. 您知道梅州地区有哪些侨批博物馆吗？

_____

7. 您认为侨批蕴含什么样的精神？

_____

调查问卷结果：如图1至图3所示，31岁以上的人都知道客家人"下南洋"的历史，40岁以上的人对这段历史极为熟悉，不少人的祖爷爷辈还是海外侨胞。21～30岁的人有部分知道这段历史，但不熟悉，大多对这些情况不感兴趣。20岁以下的青少年大部分不知道这段历史。至于侨批，40岁以上的人全部熟悉。30岁以下的人大部分不知道，只有个别被调查者听说过。

从调查结果看，青少年对这段历史不了解、不感兴趣或者没有渠道进行了解。

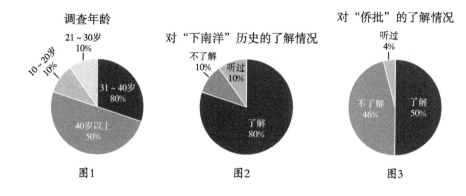

调查年龄

21 ~ 30岁
10%

10 ~ 20岁
10%

31 ~ 40岁
80%

40岁以上
50%

图1

对"下南洋"历史的了解情况

不了解
10%

听过
10%

了解
80%

图2

对"侨批"的了解情况

听过
4%

不了解
46%

了解
50%

图3

第三课　实地走访

一、学生活动

（1）学生实地参观博物馆。

（2）对相关人物进行访谈。

二、学生参观、采访情况

芦溪村美景和学生与馆长的合影，如图4、图5所示。

图4

图5

博物馆设立在芦溪村闲置校舍，藏品约3000件，自2016年设立后一直免费对外开放。

李增森，隆文镇芦溪村书记，隆腾博物馆馆长，当地侨属。李增森是一名藏友，平时喜欢淘一些老物件，2014年回乡担任村干部后，就一直在思索如何丰富村民的文化生活。经过多番思考，他决定将个人藏品全部贡献出来，建设一个博物馆，助推芦溪特色旅游村建设。"现在的村委会所在地以前是小学，闲置教室很多，我将其作为藏品室，展出我收集的藏品。"据李增森介绍，目前展出的藏品有编织品、书信、土地房产证等，约3000件。珍藏有侨批、编织品、农用耕具等物品以及被时代淘汰的生活老物件。其中还有富含该村特色的藏品，如隆文土纸。这批藏品的年代最早可追溯至清乾隆年间。

"没想到山村里现在还有这样的老物件，让人大开眼界。"在赞叹的同时，想到此行的目的，我们在李增森馆长的详细讲解下，重点考察了侨批展室，获益良多。

侨批展室一共收集了约三百多件实物，从清光绪年间至20世纪70年代，以书信、凭证为主，另外有多件皮箱实物。这些侨批书信，大部分用毛笔书写，字体俊秀，有浓厚的文化色彩，语言朴素。除对家乡亲人的问候外，基本都有捎带财、物等，有些侨批还有议论时政的表述。站在这些历史物件前，有种穿越时空的感觉，乡愁在历史与现代的交融中变得看得见、摸得着。

侨批展室简介及学生参观展室图片，如图6所示。

图6

"每一件历史遗物都有故事，都有着深刻的时代痕迹，我将它们集中展出，是想让村民和子孙后代记住这段文化历史。"李增森说。

以下是对李增森的采访。

小组成员：您是怎样得到这些侨批的？

李增森：我本人有这样的兴趣，这些侨批都是从隆文及周边乡镇收集过来的。除了老一辈有妥善保存外，随着老一辈去世，年轻一代都不知道有这些东西的存在。好些是打扫老屋或修缮拆除老屋时才发现的，我听到后，赶紧前往与主人商量，购买保存。

小组成员：您觉得保存和传承侨批文化有什么意义？

李增森：侨批反映了当时侨民勇于开拓、艰苦创业的精神，对国和家的挂念和忧心，还反映了一些社会状况。侨批中蕴含的先辈的精神能给在外打拼的年轻人给予鼓舞，同时也能触发他们心里的家国情怀。侨批有丰富的历史可以挖掘，保护和传承侨批文化，弘扬侨批精神，在当代仍然具有重要意义。

小组成员：那么，村里人对这个博物馆重不重视？平时参观的人多不多？

李增森：博物馆刚创建的时候还是有很多人慕名而来的，热闹了一阵。随着时间的推移，村里人对这个博物馆没有了新鲜感，就渐渐地不来了，孩子们也更喜欢到别的地方玩乐。加上这个地方比较偏，没什么知名度，也就没什么人来参观。

小组成员：您担任博物馆馆长8年，有哪些让您印象深刻的侨批？

李增森：有，比如这个。这封给父母的信，内容是关于国内学生运动的看法，体现了写信的人对国家的关心，很打动我。有些游子回来参观这个博物馆，对其中一些书信的内容也深有感触。所以我觉得侨批文化应该被保护和传承。

第四课　装裱侨批

一、活动背景

艺术侨批封面传递炽热乡情，精美图案烙下时代印记，承载深厚文化内涵。如今许多侨批已保存近百年，虫咬侵蚀损坏严重，为保护侨批，急需将老旧侨批装裱保管。

二、活动目标

（1）侨批堪称"华侨社会的百科全书"，进行侨批封的收藏、整理，向广大人民群众宣传侨批文化。

（2）通过对侨批的保护，让更多人了解、认识侨批，让更多的人了解、认识华侨历史。

（3）通过对侨批和侨批文化的保护和装裱，让更多人了解中国近代的历史。

（4）通过对侨批馆的保护与装裱，让更多人知道华侨历史，让更多人参与到"侨批保护与装裱"的活动中来。

（5）价值体认：鉴赏、研究艺术侨批封面是侨批文化研究不可或缺的一部分。这些艺术批封，储存着丰富的历史信息，蕴含着深厚的文化内涵。了解侨批封的使用历史，对收藏、研究侨批很有必要。

（6）责任担当：学生在动手装裱侨批的过程中锻炼动手能力，同时培养学生保护侨批的责任感。

（7）问题解决：学生通过装裱侨批，践行侨批保护。

（8）创意物化：让学生初步掌握装裱字画的技能。

三、活动重难点

重点：让学生初步掌握装裱字画的技能。

难点：让学生初步掌握装裱字画的技能。

四、学情分析

高二学生有一定的动手能力，对梅州本地华人华侨有所了解，对侨批或多或少有些了解，为保护侨批打下了一定的基础。

五、活动准备

装裱工作。

六、活动过程

教师指导：通过前面几节课的学习，我们已经意识到侨批的重要历史价值，保护侨批是我们义不容辞的责任，那么，我们应该如何保护侨批呢？

学生活动1：讨论保护侨批的措施，为保护侨批提出建议。

教师指导：教师引导学生分析保护、传承方法的合理性，特别是要肯定学生能从自身实际出发，积极提倡传承侨批文化从我做起的做法，对学生提出的建议进行总结归纳。同学们提出的建议都具有很强的操作性，其中有一条，同学们提到侨批大多为书信、凭证等纸质材料，随着时间的流逝，不加以保护，将会被虫蛀、腐蚀，因此，这种珍贵的历史文物，应抓紧抢救。而将侨批进行装裱就是一种有效的保护措施。今天我们就一起来动手装裱一幅侨批，用实际行动保护侨批。

学生活动2：学生观看视频"按照这个方法在家给自己裱画吧"，了解装裱字画的流程。

学生活动3：学生动手体验装裱侨批。

教师指导：学生动手操作时，教师在旁进行指导。

装裱工具，如图7、图8所示。

图7　　　　　　　　　　　图8

（三）总结阶段

第一课　报告撰写

一、活动背景

（1）梅州是著名侨乡，在海外有众多的华人华侨。通过对侨批的保护，让更多人了解、认识侨批，让更多的人了解、认识华侨历史。

（2）通过对侨批和侨批文化的保护和装裱，让更多人了解中国近代的历史。

二、活动目标

（1）价值体认：通过研究侨批，使学生了解近代华人华侨背井离乡的艰辛，了解他们热爱祖国的故事，培养学生形成热爱国家、热爱党的精神思想。

（2）责任担当：通过探究活动，撰写报告，培养学生保护侨批、传承侨批文化的责任感。

（3）问题解决：学生了解撰写报告的要求，整合材料，完成一篇探究报告的撰写。

（4）创意物化：使学生掌握整合材料、撰写报告的技巧。

三、活动重难点

重点：让学生掌握撰写探究报告的技巧。

难点：让学生掌握撰写探究报告的技巧。

四、学情分析

本校初二学生对中国近代史有一定的了解，对本地华人华侨的事迹比较熟悉，有一定的写作能力，能够完成探究报告的撰写。

五、活动准备

PPT课件。

六、活动过程

教师指导：同学们对梅州侨批文化进行了了解、探究，我们这节课要来整合大家的研究成果，形成一篇研究报告。那么一篇完整的研究报告需要有哪些部分？

学生活动1：小组讨论研究报告的组成部分。

教师指导：研究报告的格式。

（1）题目《关于侨批文化××》研究报告。

（2）学校、届别、年级、实践（课题）负责人。

（3）实践课题组成员。

（4）研究对象、时间、地点：（　　　）年（　　　）月（　　　）日—
（　　　）年（　　　）月（　　　）日。

（5）摘要。

（6）研究背景。

（7）研究目的、思路。

（8）研究方法。

（9）研究过程材料（查阅的资料、访问考察的地点、人物）。

（10）研究结论。

（11）研究体会与建议。

（12）参考文献。

学生活动2：根据研究报告的格式，结合探究过程中掌握的材料，分工完成相应部分的撰写。

教师指导：对学生完成的研究报告进行指导、建议、修改。

第二课　项目展示，交流分享

（1）学生根据完成的研究报告制作PPT，以小组为单位汇报研究的成果，分享侨批文化的起源、保护现状与传承建议等。

教师指导：教师引导学生认真聆听，适机提出疑问，采用生生互助的方式加深学生对研究问题的思考。对于未确认的结果，引导学生考察验证。

（2）小组交流实地调查的经验和遇到的问题。

教师指导：教师让学生多谈谈在遇到困难时是怎样解决问题的，或遇到困难时思考可以怎样解决问题，重在引导学生明白各种实践方法各有利弊，可以同时使用，互补提效，鼓励学生多维度分析问题，通过多途径解决问题。

学生进行分享展示，如图9至图11所示。

图9　　　　　　　　　　　　图10

【活动反思】

通过此次综合实践活动，学生对客家人"下南洋"的历史有所了解，对"侨批"文化有了更深的认识。通过一系列调研实践，学生的沟通能力、获取信息的能力、写作能力都得到了提高。在此次活动中，学生们知道了如何去探究一个问题，如何获得资料、整理资料，如何解决问题，如何独立思考，如何与人合作。

当然，此次实践活动也存在不少问题。比如，由于探究时间较短，学生的调研略显仓促，能接触到的资料也比较少，不少具体的情况没有了解到，研究显得比较单薄。在制订访谈计划的过程中，学生没有重点去找寻熟悉相关历史的老人了解情况。

另外，受高中课时影响，本次活动采用兴趣小组的方式进行，参与的学生人数有限。希望以后能组织更多学生参与到综合实践活动中来，使他们体验实践的快乐。